余裕ない日は、豆腐にしよう。

今泉久美

はじめに

仕事や家事で忙しい毎日、食事を作るのは

正直、しんどい。

外食が続くとお金も健康も気になるけど、

家で作るとなると

時間にも気持ちにも余裕がない。

そんなときに頼れる食材があります。

そう、**豆腐です。**

近くのスーパーやコンビニに絶対売っていて、
料理するのに手間がかからない、
どんな食材や味つけにもなじんでくれて、
体にとてもいい。

本書では、

火を使わずに済ませたい日の「のせるだけ」
あったかいものが食べたい日の「レンチン蒸し」
いつも肉野菜炒めになっちゃうときの「炒めるだけ」
小鉢をちまちま作りたくないときの「ひと皿で満足」

というふうに、その日の状況にあわせて選べる
かんたん豆腐レシピ67品を紹介します。

豆腐といえば小鉢のイメージだけど、本書で紹介するのは、

1〜2人分から作れて、
メインにもなるボリューム感。

ここから一品だけ作って青菜の味噌汁とごはんを添えたり、

夜遅くなってあまり食べられないようなときには

豆腐たっぷりの汁物や煮物、おじやなら安心。

本当に面倒なときには、

一品だけ選んで晩酌のおともにしても。

いずれも、すこしの手間で大満足を約束するレシピです。

豆腐は良質なタンパク質を含み、コレステロールはゼロ。
低脂質・低カロリーで美容にいいこともよく知られています。
加えて、筋肉をつける、肥満やむくみを防ぐなどの

新たな効能が次々と明らかになってきています。

日々の食事と健康を支える味方として
本書を活用していただけると嬉しいです。

今泉久美

もくじ

『忙しくて余裕ない日は、豆腐にしよう。』

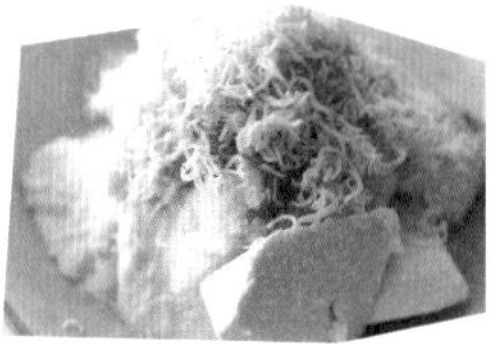

のせるだけ

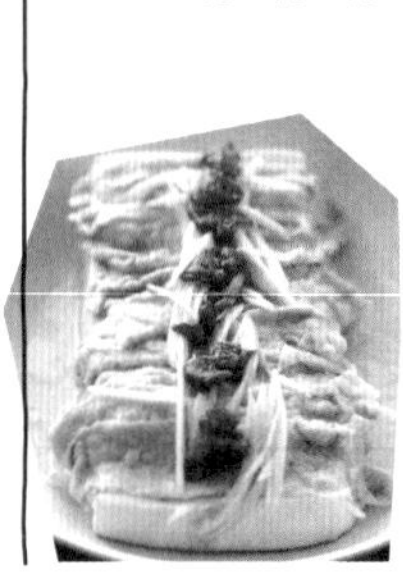

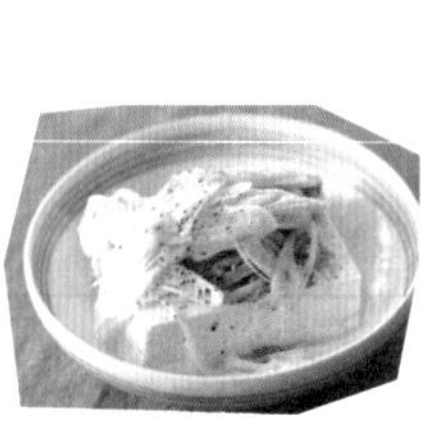

レンチン蒸し

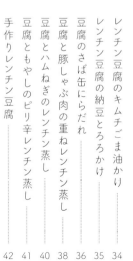

汁物とスープ

和えるだけ

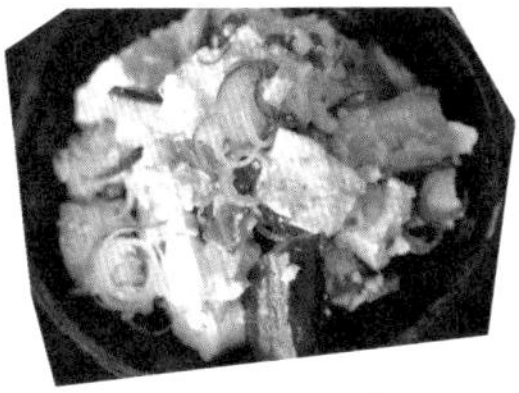

煮るだけ

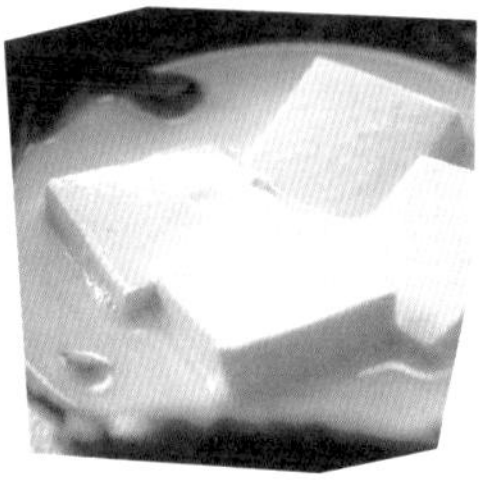

炒めるだけ

ひと皿で満足

ボリュームおかず

その他の大豆で

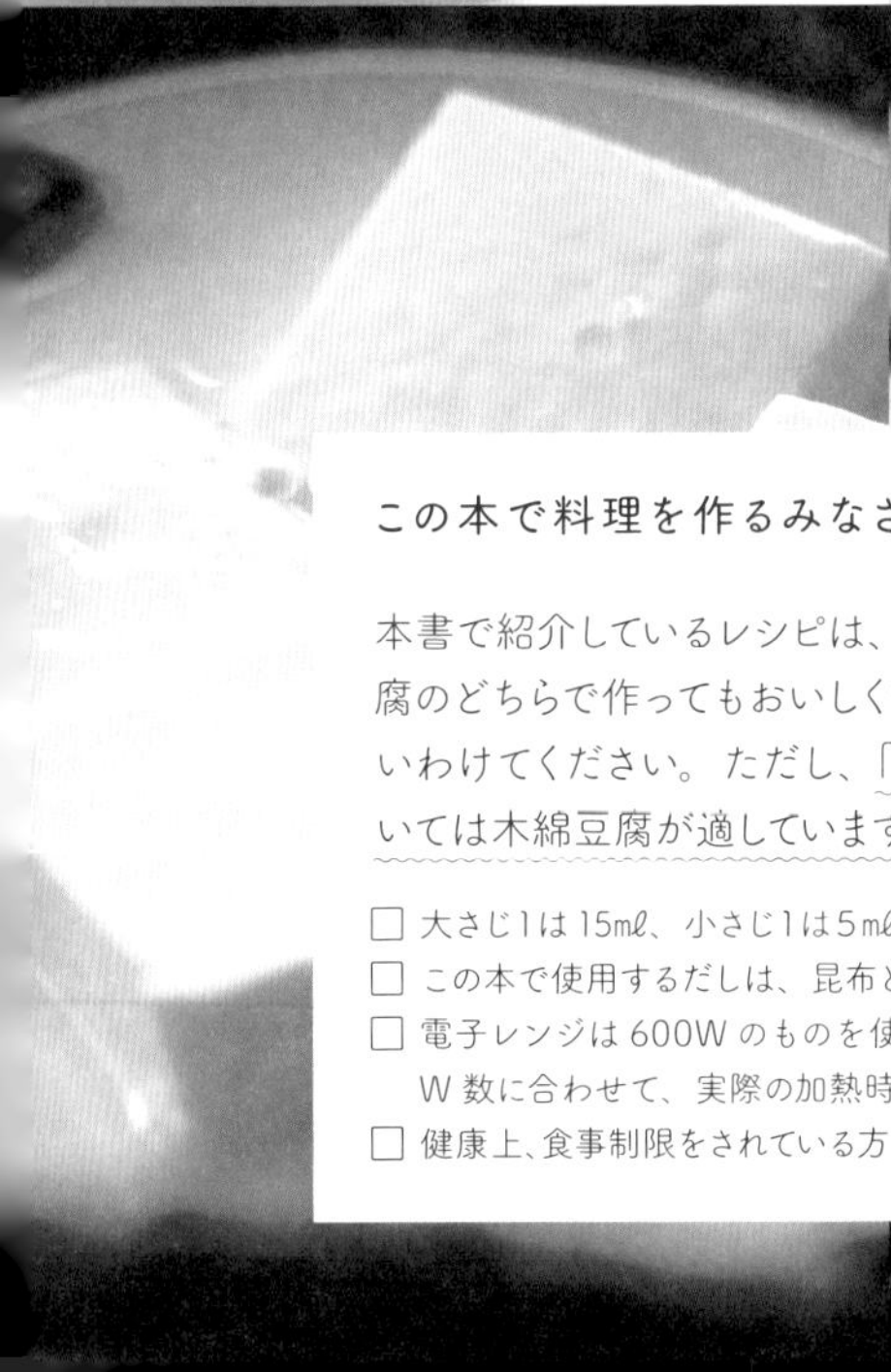
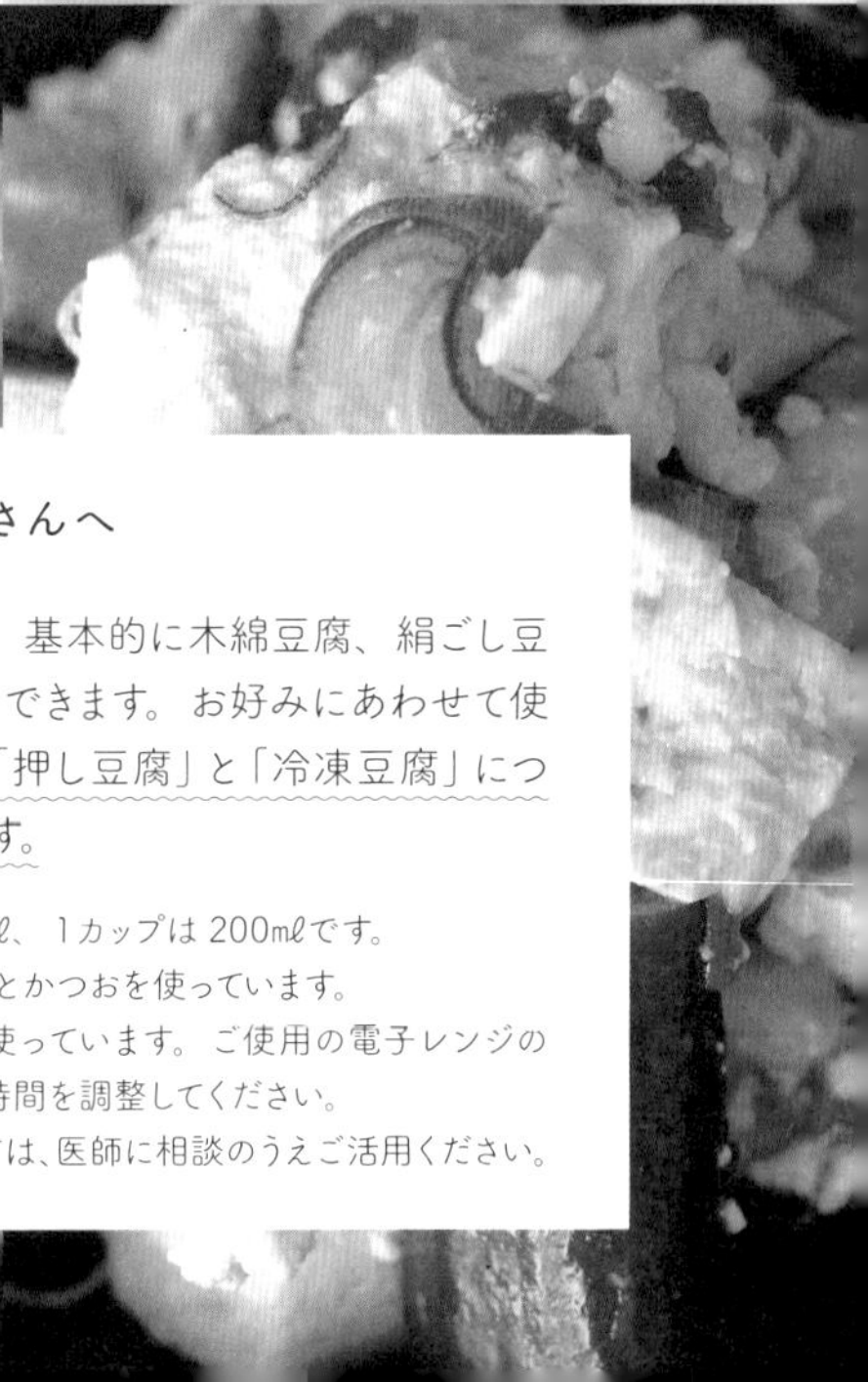

この本で料理を作るみなさんへ

本書で紹介しているレシピは、基本的に木綿豆腐、絹ごし豆腐のどちらで作ってもおいしくできます。お好みにあわせて使いわけてください。ただし、「押し豆腐」と「冷凍豆腐」については木綿豆腐が適しています。

- ☐ 大さじ1は15mℓ、小さじ1は5mℓ、1カップは200mℓです。
- ☐ この本で使用するだしは、昆布とかつおを使っています。
- ☐ 電子レンジは600Wのものを使っています。ご使用の電子レンジのW数に合わせて、実際の加熱時間を調整してください。
- ☐ 健康上、食事制限をされている方は、医師に相談のうえご活用ください。

なぜ、豆腐なのか？

こんなにすごい!

木綿も絹ごしも
栄養効果は同じ

大豆の味が濃厚な

木綿豆腐

1

とにかく安い!
いつでもどこでも買える

詳しくは ► P.14 へ

2

忙しい人でも手間なく
かんたんに作れる

詳しくは ► P.15 へ

3

いろんな料理に使えて
続けて食べても飽きない

詳しくは ► P.15 へ

安くて
手軽に作れて
栄養満点

豆腐は、

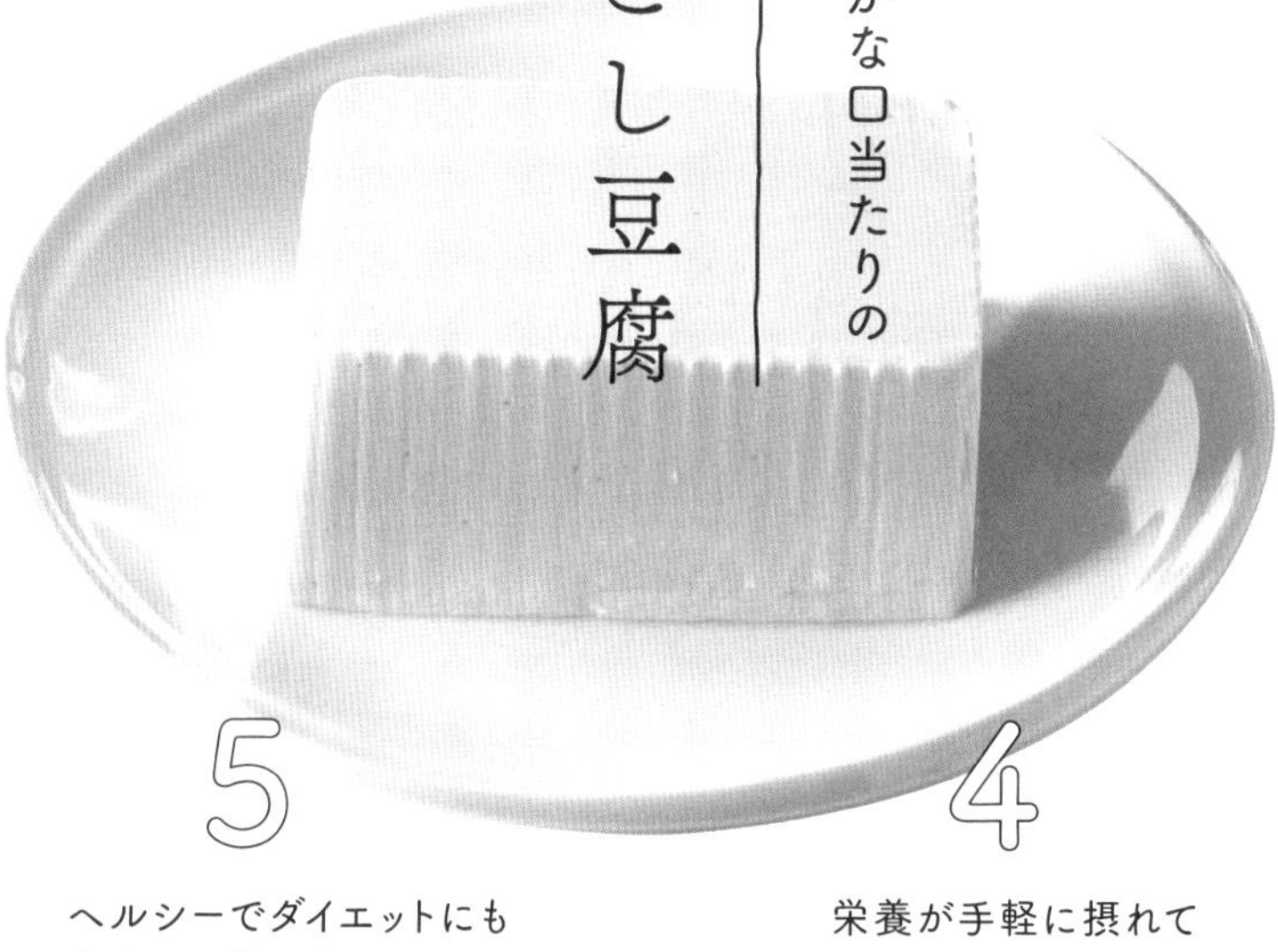

なめらかな口当たりの
絹ごし豆腐

4

栄養が手軽に摂れて
健康食品としても超優秀

詳しくは ► P.16 へ

5

ヘルシーでダイエットにも
美容にも効果的！

詳しくは ► P.18 へ

豆腐の保存法

1丁まるごと使わずに余った場合は、保存容器に入れて水をひたひたに注ぎ、ふたをして冷蔵すれば鮮度が保てます。毎日、水を取り替えて、パックに表示された消費期限以内に使い切りましょう。また、木綿豆腐は冷凍することもできます（冷凍保存法は P.69 参照）。

1

安くて、いつでもどこでも買える

スーパーでもコンビニでも安く手に入り、いつでも価格が安定している豆腐。買いだめしなくても、仕事帰りや買い物に出るたびに購入すればいつでも新鮮なものが食べられます。それでも買い物に行く暇がないという人には、保存期間の長い充てん豆腐もおすすめ。また、食感は変わってしまうものの、木綿豆腐なら冷凍すれば長期保存も可能です。

豆腐はすごい！

2

手間なく かんたんに作れる

豆腐は、肉や魚と違って火を通さなくても食べられるのが魅力。たれやのせるものを変えるだけでいろいろなバリエーションが楽しめる冷やっこをはじめ、和え物や炒め物、煮物など、どれもさっと作れるものばかり。忙しくて調理に時間をかけられない人にこそ、おすすめしたい食材なんです。

豆腐はすごい！

3

続けて食べても 飽きない

同じ食材が続くと普通は飽きるものですが、豆腐なら大丈夫。もともと味がシンプルだからこそ、調理法や味付けによっていろんな料理に変身し、飽きることがありません。

和洋中、どんな料理にも使え、ふわっとやわらかな食感から、もちっと弾力のある食感まで、さまざまな魅力が楽しめます。

豆腐はすごい！

4

いいとこ取りの身近なスーパーフード

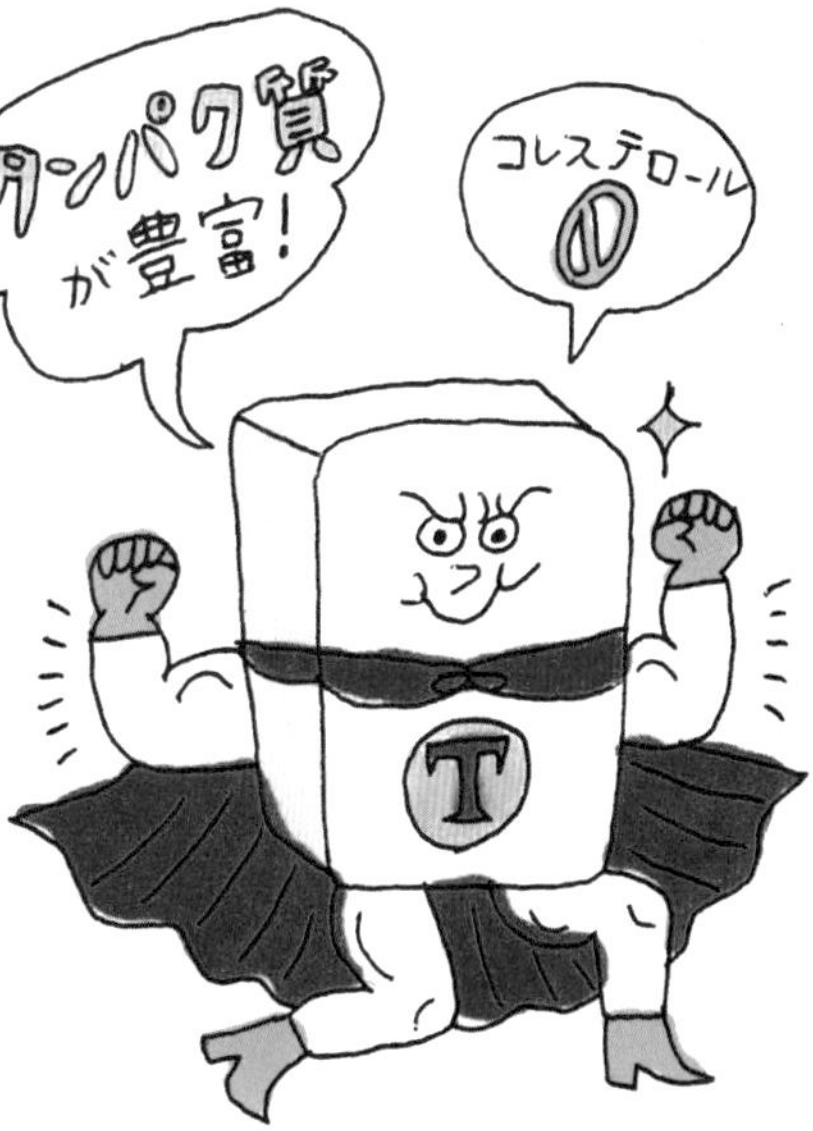

タンパク質は、体を作るのに必要な栄養素。不足すると、筋肉量が減って太りやすくなったり、コラーゲンが減って肌や髪が老化したり、疲れやすくなったりとさまざまなトラブルが起こります。そこで注目されるのが、良質なタンパク質を豊富に含む豆腐。肉や魚もタンパク質は豊富ですが、脂質やコレステロールが多く含まれるため注意が必要です。その点、豆腐はコレステロールもゼロ。健康食品として優秀なのです。

「アミノ酸スコア」100の
木綿豆腐の桶

バランスの悪い
タンパク質の桶

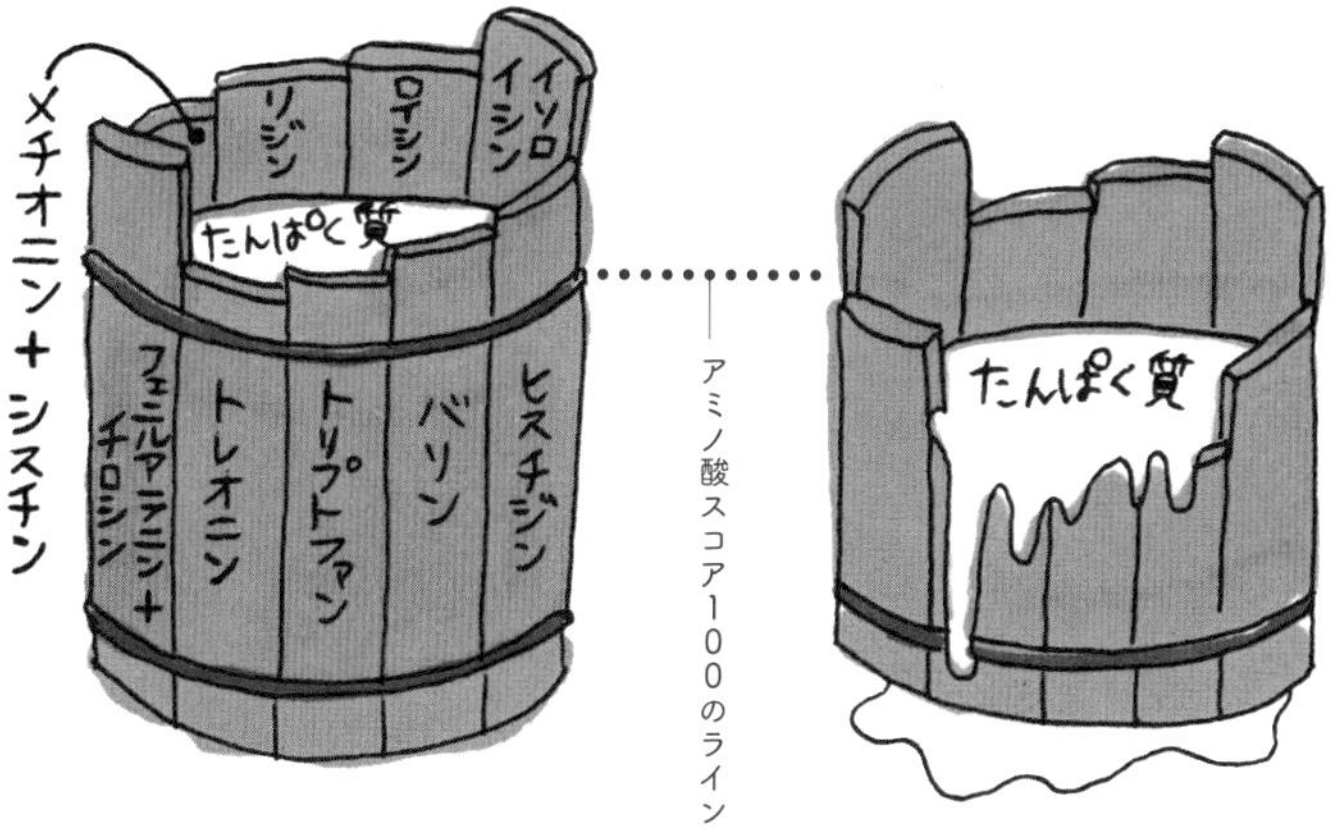

「必須アミノ酸」を9枚の板からできた桶に、「タンパク質」を桶の中の水にたとえてみました。すべての板が必要とされる高さに達していれば水はこぼれない、つまり体の中で充分なタンパク質が生成されます。

※成人の体内タンパク質の維持に必要なアミノ酸スコアによる
（『日本人の食事摂取基準 2015年度版』）

豆腐に含まれるタンパク質は卵、肉、魚に匹敵

人の体のタンパク質は20種類のアミノ酸からできていますが、そのうち9種類は体内で作ることができず、食物から摂るしかありません。その9種類が必須アミノ酸です。各アミノ酸が基準値に対してどのくらいの割合（％）含まれているかを示す数値を「アミノ酸スコア」といい、9種類すべてが100（％）に達したものを良質なタンパク質とみなします。豆腐の「アミノ酸スコア」は100！　体内で吸収・活用されやすいのが特徴です。

5 豆腐はすごい！

ヘルシーでダイエット＆美容効果も！

豆腐は肉類に比べて低カロリー＆低脂肪。ダイエットにはうってつけのヘルシー食材です。また、豆腐には女性ホルモンと似た働きをする大豆イソフラボンという成分が含まれていて、女性の美しさや若々しさをサポートしてくれるという、うれしい効果も。1日½丁を目安に、1週間のうち何日かは必ず食べるといいですよ。

のせるだけ

もう今日は火を使わずに
ささっと済ませたい

豆腐なら火を通す手間もなし。トッピングを変えれば無限に楽しめる！

とにかく何も料理したくないというとき、一番手っ取り早いのが冷やっこ。火を通さずに食べられるから、忙しいときにもってこいの一品です。そのまま、しょうゆをかけるだけでもシンプルに豆腐のおいしさを味わえるけど、何かトッピングすれば立派なおかずやおつまみに！　明太子やしらすなどの旨み食材をのせたり、家にある野菜をちょっと刻んでふりかけたりするだけで充分。バリエーションも無限で、飽きずに楽しめます。

時短 POINT

その1 水きりはペーパーにのせるだけ。トッピングの準備をしている間に完了

冷やっこは豆腐本来のやわらかい食感を味わうものなので、しっかり水きりしなくてもOK。ペーパータオルの上にのせておき、自然に出てくる水けをきるくらいのほうが口当たりよく食べられます。トッピングする具の準備をしている間に水きりも終わるので、あっという間に一品が完成！

その2 旨みたっぷりの加工食品を活用すればトッピングも火を使わず準備できる！

冷やっこをボリュームのあるおかずに昇格させるには、トッピングに旨み食材を使い、ごはんのすすむ味付けにすること。明太子やしらす、なめたけといった便利な加工食品を常備しておけば、豆腐にのせるだけ。そのままでおいしいから、あれこれ調味料を合わせる手間もいりません。

明太万能ねぎのせ豆腐

ピリッと辛くて旨みのある明太子で
冷やっこがごちそうに

材料（1～2人分）

木綿豆腐 ……… 1丁（300～350g）
明太子 ……… 1/2腹（40g）
万能ねぎの小口切り ……… 3本分
ごま油 ……… 小さじ1

作り方

1. 豆腐は水けをきる。
2. 明太子は薄皮を除き、万能ねぎ2本分、ごま油を混ぜる。
3. 器に1を盛り、2をのせ、残りの万能ねぎをふる。

memo

明太子の塩けやごま油の風味で豆腐を食べるので、調味料は不要。塩分を上手に控えながら、おいしくいただけます。

オクラおかかのせ豆腐

ネバネバの味付きオクラが
からみ合い、さっぱりおいしい

材料（1～2人分）

木綿豆腐 ……… 1丁（300～350g）
オクラ ……… 5本
しょうゆ ……… 小さじ2
削り節 ……… 適量

作り方

1. 豆腐は水けをきる。
2. オクラは塩適量（分量外）をまぶしてこすり、洗って水けをふき、薄い小口切りにする。オクラにしょうゆを加え、混ぜる。
3. 器に1を盛り、2をのせ、さらに削り節をのせる。

memo

やわらかい豆腐には、食物繊維が豊富で歯ごたえのあるオクラを合わせると◎。噛む回数が増えて満腹感が得やすくなります。

ハムセロリのせ豆腐

ハムの塩けと黒こしょうがアクセント。
ポン酢しょうゆをかけても！

材料（1～2人分）

木綿豆腐 ……… 1丁（300～350g）
ハム（あれば厚めの切り落とし）
……… 2～3枚分（40g）
セロリ ……… 小1本（50g）
A［塩、粗びき黒こしょう……… 各少々
　オリーブ油、酢 ……… 各小さじ1
セロリの葉 ……… 適量

作り方

1. 豆腐は幅を4枚に切って、ペーパータオルにのせて水けをきる。

2. ハム、セロリはそれぞれ粗みじん切りにし、Aを加えて混ぜる。

3. 器に1を盛り、2をのせ、太めのせん切りにしたセロリの葉をのせる。

memo

セロリの香り成分が食欲を増進させるので、疲れて食欲がないときにもいい。豆腐がサラダ感覚で食べられます。

アボカドしょうがのせ豆腐

クリーミーなアボカドと
豆腐、しょうが、しょうゆが
ベストマッチ

材料（1〜2人分）

木綿豆腐 …… 1丁（300〜350g）
アボカド …… 中1個
しょうがのすりおろし …… 1〜2かけ分
しょうゆ …… 小さじ2〜3くらい

作り方

1. 豆腐は食べやすく角切りにし、ペーパータオルにのせて水けをきる。
2. アボカドは縦半分に切り、種を取って皮をむき、1.5〜2㎝の角切りにする。
3. 器に1と2、しょうがを盛り合わせ、しょうゆをかける。

memo

ビタミンEやオレイン酸などを豊富に含むアボカド。豆腐と組み合わせれば、健康&美容効果もアップします。

なめたけねぎのせ豆腐

材料（1～2人分）

木綿豆腐 …… 1丁（300～350g）
なめたけ（瓶詰め）…… 大さじ3
オリーブ油 …… 小さじ1
長ねぎの小口切り …… 少々

作り方

1. 豆腐は6つ割りにし、ペーパータオルにのせて水けをきる。
2. なめたけとオリーブ油を混ぜる。
3. 器に1を盛り、2を等分にのせ、長ねぎをのせる。

memo

なめたけには旨み成分がたっぷり含まれています。冷やっこになめたけをのせるだけでボリュームが出せて、ごはんにもお酒にも合う味に。

トマトシャンツァイのせ豆腐

材料（1～2人分）

木綿豆腐 …… 1丁（300～350g）
玉ねぎ …… 30g
トマト …… 小1個（100g）
A［塩 …… ふたつまみ
　えごま油（またはごま油）…… 小さじ2
シャンツァイ …… 3本

memo

えごま油がなければ、ごま油でもおいしく仕上がります。シャンツァイの代わりにルッコラやクレソン、大葉もいい。

作り方

1. 豆腐はペーパータオルに包んで水けをきる。
2. 玉ねぎは横薄切りにしてさっと水にさらし、水けをふく。トマトは皮ごと1cm角に切り、Aを加えて混ぜる。
3. 器に1を盛り、2をのせ、刻んだシャンツァイをのせる。

ひと口サイズの即席おつまみ。
オリーブ油で風味アップ

トマトと合わせるので、豆腐の
水けはしっかり目に切るといい

温泉卵のせ中華風豆腐

オイスターソースでこってりと。
黄身をくずして召し上がれ♪

材料（1～2人分）

絹ごし豆腐 ……… 1丁（300～350g）
A［オイスターソース ……… 小さじ2
　ごま油 ……… 小さじ1
粗びき黒こしょう ……… 少々
温泉卵（市販品、または下記参照）
　……… 1個
万能ねぎの小口切り ……… 2本分

作り方

1. 豆腐はペーパータオルに包んで水けをきり、中央をスプーンですくってくぼみをつける。

2. 1のくぼみに温泉卵をのせ、万能ねぎをふり、Aをかける。

（温泉卵の作り方）

卵4個は室温に戻す。卵の丸いほうに包丁の根元で穴を開ける（こうすると、殻がきれいにむける）。厚手の鍋（直径20cmくらい）に水4カップを入れて火にかけ、沸騰したら火から外す。水3/4カップを加え、卵を静かに入れ、ふたをして40分ほど放置したら、冷水にとって冷ます。
※水の量や放置する時間は気温によって調整を。

memo

豆腐と卵で食べごたえも栄養価もアップ。レンチンした豆腐を使えば、タンパク質が不足しがちな朝食にもぴったり。

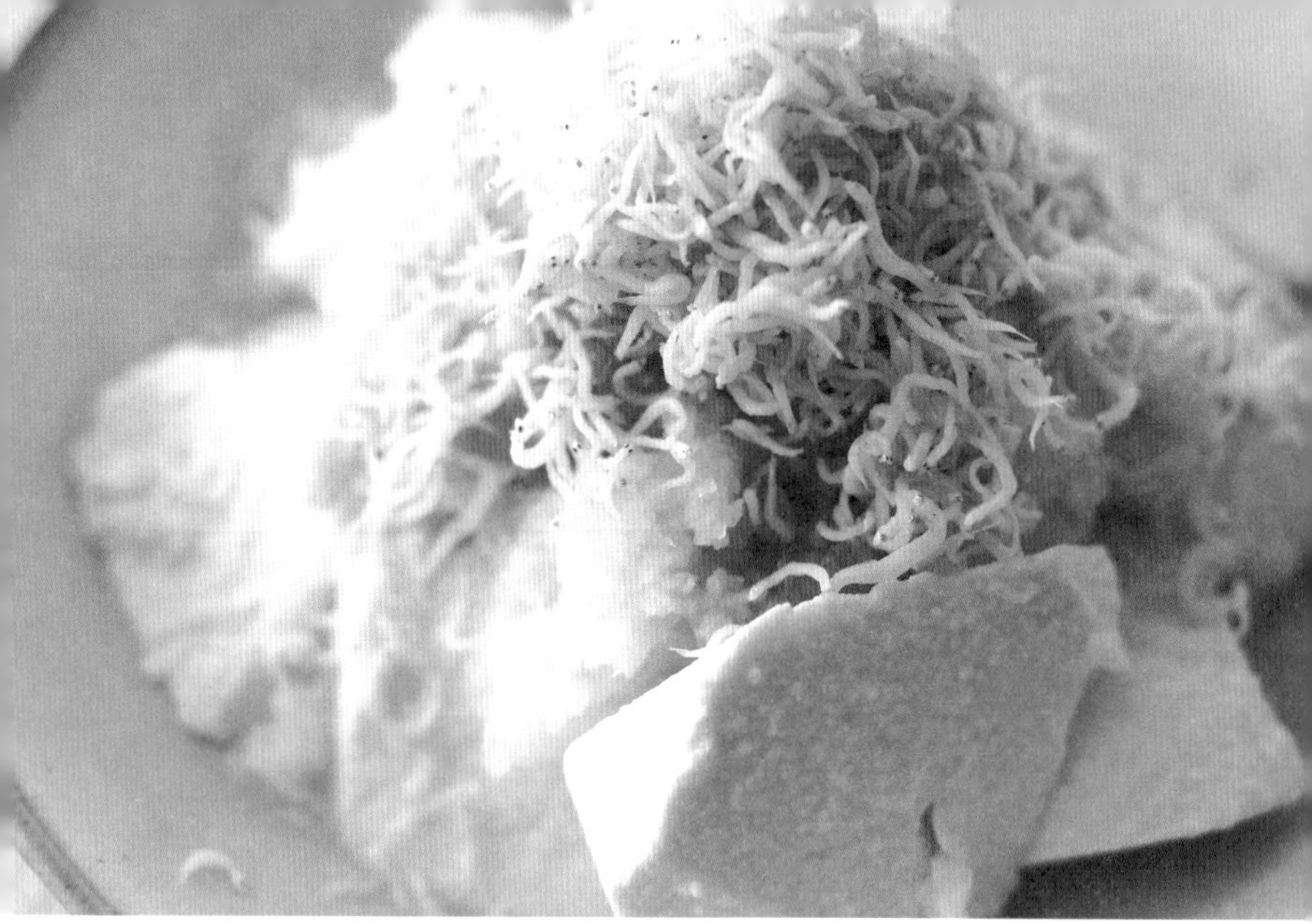

おろししらすのせ豆腐

皮ごとおろした大根の辛み、しらすの塩け、ポン酢しょうゆの酸味が絶妙

材料（1～2人分）

絹ごし豆腐 ……… 1丁（300～350g）
大根 ……… 3～4cm（150g）
しらす干し ……… 30g
ポン酢しょうゆ ……… 適量

作り方

1. 豆腐はペーパータオルに包んで水けをきる。
2. 大根は皮ごとおろし、ざるにあげる。
3. 器に1をスプーンですくって盛り、2としらすをのせ、ポン酢しょうゆをかける。

memo

大根にはタンパク質を分解する酵素が含まれているので、ちょっと遅めの夕食でも安心して食べられます。

レンチン蒸し

あったかいものがいいけど……
今すぐ食べたい！

レンチンなら調理もあっという間。放っておいてもおいしい豆腐料理に

時間がないけど温かいものが食べたいというときにもおすすめなのが豆腐。電子レンジで軽く温めるだけでもうアツアツ。納豆やキムチなどをトッピングすると、手軽に湯やっこが作れます。また、肉や野菜をのせて加熱すれば、じんわりおいしい蒸し料理が蒸し器なしでかんたんに作れます。しかも、火を使わないからキッチンを離れていても大丈夫。加熱中にダイニングをさっと片づければ、すぐに食卓が囲めますよ。

時短 POINT

その❶ 豆腐は半分に切って レンチンすれば 加熱ムラが防げて失敗なし

電子レンジは便利ですが、気を付けたいのが加熱ムラ。表面は熱くても中が冷たいままだったり、加熱しすぎてかたくなったりしないようにするには、半分に切るのがポイントです。耐熱皿にやや離して並べ、ラップをふんわりとかけ、100gにつき1分を目安に加熱すればムラなく温まります。器に移すときは熱いので気をつけて。

その❷ 豆腐の水きりも 電子レンジなら 早くてラクチン

豆腐を水きりする場合、重しをのせたり、ゆでたりといろいろな方法がありますが、電子レンジを使うのも手！ 加熱後、豆腐が冷めるまで置いておくだけで、水きりできます。よりしっかり水をきりたいときは使う前にペーパータオルに包むといいですよ。

レンチン豆腐のキムチごま油かけ

仕上げにごま油をかけて味をなじみやすく！
お手軽温やっこ

材料（1～2人分）

木綿豆腐……1丁（300～350g）
白菜キムチ……50g
ごま油……小さじ2

作り方

1. 豆腐は半分に切って耐熱皿に離して並べ、ラップをふんわりとかけ、電子レンジ（600W）で2～3分加熱する。
2. キムチは5㎜幅に刻む。
3. 1の水けをきって器に盛り、2をのせ、ごま油をかける。

memo

乳酸菌やビタミン類が豊富なキムチと、タンパク質やカルシウムの摂れる豆腐はバランスのいい組み合わせ。

レンチン豆腐の納豆とろろかけ

とろとろ＆ネバネバの
納豆がからんで口当たりバツグン

材料（1～2人分）

木綿豆腐 …… 1丁（300～350g）
納豆 …… 1パック（40g）
めんつゆ（3倍濃縮）
…… 大さじ1～1½
長いものすりおろし …… 60g

memo

胃腸の調子を整える効果のある長いも。納豆のネバネバと相まって食べやすく、飲み会続きの翌日などにもおすすめです。

作り方

1. 豆腐は半分に切って耐熱皿に離して並べ、ラップをふんわりとかけ、電子レンジ（600W）で2～3分加熱する。
2. 納豆は混ぜ、粘りが出たらめんつゆを加えてさらに混ぜる。
3. 1の水けをきって器に盛り、長いもと2をかける。好みで七味唐辛子をふる。ねぎや溶きからしを加えても。

豆腐のさば缶にらだれ

香りの強いにらとさばは豆腐と相性抜群。
クセになる味わい

材料（1～2人分）

木綿豆腐……1丁（300～350g）
さば缶……1/2缶
A［にらのみじん切り……1/5束（20g）
しょうゆ、ごま油、さば缶の缶汁
……各小さじ2

作り方

1. Aは混ぜておく。

2. 豆腐は4つに切って耐熱皿に離して並べ、ラップをふんわりとかけ、電子レンジ（600W）で2～3分加熱する。

3. 2の水けをきって器に盛り、身を4つにほぐしたさば缶をのせ、1をかける。

memo

良質な脂質が豊富に含まれたさばと豆腐の組み合わせで、忙しいときでもタンパク質たっぷりのメインが作れます。

豆腐と豚しゃぶ肉の重ねレンチン蒸し

食べごたえ満点の肉&豆腐を
梅干しでさっぱりヘルシーに

材料（1～2人分）

木綿豆腐 ……… 1丁（300～350g）
長ねぎ ……… 1本
豚ロースしゃぶしゃぶ用肉 ……… 8枚
塩 ……… 少々
酒 ……… 大さじ1
梅干し（種を取ってほぐしたもの）
……… 小さじ1～2

作り方

1. 豆腐は幅を6枚に切って耐熱皿に並べる。
2. 長ねぎは縦半分に切り、さらに斜め薄切りにする。
3. 1に2の半量を等分にのせる。豚肉を広げて重ね、肉に塩、酒をふり、残りの2をのせる。
4. 梅干しをのせ、ラップをふんわりとかけ、電子レンジ（600W）で5分ほど、肉に火が通るまで加熱する。汁けをきって器に盛り、好みでポン酢しょうゆなどをかけても。

memo

しゃぶしゃぶ用の肉がない場合は、豚こま切れ肉にあらかじめ塩と酒をからめて使っても。均等に薄く、肉が重ならないようにのせます。

豆腐とハムねぎのレンチン蒸し

加熱して甘みが出たねぎとハムを豆腐にからめていただく

材料（1～2人分）

木綿豆腐 ……… 1丁（300～350g）
ハム ……… 2～3枚（40g）
長ねぎ ……… 小1本
A ［ 塩 ……… 少々
　 オリーブ油 ……… 大さじ1
　 粗びき黒こしょう ……… 適量

作り方

1. ハムはせん切りにする。長ねぎは斜め薄切りにする。

2. 耐熱皿に豆腐を置いて1をのせる。ラップをふんわりとかけ、電子レンジ（600W）で4分加熱する。

3. 汁けをきって器に盛り、Aをふる。塩の代わりにポン酢しょうゆなどをかけるのもおすすめ。

memo

長ねぎは、疲労回復に役立つアリシンが含まれ、ビタミンB_1を含むハムとも好相性。

豆腐ともやしの
ピリ辛レンチン蒸し

食欲をそそる
香味しょうゆだれが絶品。
モリモリ食べられる！

材料（1～2人分）

木綿豆腐 ……… 1丁（300～350g）
もやし ……… 200g
A しょうが ……… 1かけ
にんにく ……… 少々
万能ねぎ ……… 2本
しょうゆ ……… 大さじ1
酢 ……… 大さじ1/2
ごま油、砂糖 ……… 各小さじ1

memo
もやしの他に、太めのせん切りにしたキャベツ、4cm長さに切った小松菜もよく合います。

作り方

1. Aの材料でたれを作る。しょうが、にんにくはみじん切りにし、万能ねぎは小口切りにし、その他の調味料と混ぜる。
2. 豆腐は4つに切って耐熱皿に並べる。空いているところにもやしをのせる。
3. ラップをふんわりとかけ、電子レンジ（600W）で5～6分、もやしがしんなりするまで加熱する。しっかりと汁けをきって器に盛り、1をかける。

手作りレンチン豆腐

なめらかな舌触りで
大豆の旨みをまるごと堪能！

材料（作りやすい分量・4個分）

豆乳（無調整。大豆固形分10％以上のもの）
……… 2カップ
にがり（液体）……… 小さじ1

作り方

1. にがりは水大さじ1を加えて混ぜる。
2. 豆乳（冷蔵庫から出してすぐの冷えた状態）に1を加えて静かに混ぜ、耐熱容器に4等分にして入れる。
3. ラップをふんわりとかけ、1個ずつ、電子レンジ（600W）で50秒〜1分ほど加熱する。

   ※にがりは商品によって加える割合が異なるので、袋の表示を確認してください。様子を見ながら加熱時間も調整を。
4. 好みで塩やしょうゆをふっていただく。

memo
出来たての温かいままでも、冷やしてメープルシロップをかけてデザートにも。

汁物とスープ

具だくさんでなくても
ヘルシーな汁物がほしい

汁物で温まる、満腹感を得る！具を豆腐にすることで栄養面も充実

理想的な和食を一汁三菜というように、汁物が献立にあると豊かな気持ちになります。汁物があると心も体も温まるし、満腹感も違うもの。さまざまな野菜を入れた具だくさんの汁物があれば理想的だけど、それが大変なときは豆腐の出番！　忙しい朝も、みそ汁に豆腐が入っていればタンパク質が摂れ、栄養バランスも整います。豆腐なら洋風や中華スープにも合うから、パンや麺などどんな献立にも使えますよ。

栄養 POINT

その 1 豆腐を入れれば汁物がおかず感覚に。ボリューム満点"食べるスープ"

野菜や海藻だけでは物足りない汁物も、豆腐を入れればたちまち栄養価が上がり、ボリューム満点に。おかずも兼ねた汁物になり、1杯でお腹を満たしてくれます。豆腐+野菜をベースに、定番のみそ汁や洋風のコーン・カレー味、中華のピリ辛スープなど、味付けを変えて楽しめます。

その 2 タンパク質が摂りにくい朝も汁物に豆腐を入れるだけで解決！

朝から肉や魚を焼くのは大変ですよね。サラダやフルーツでビタミンは摂れても、タンパク質が不足しがちです。でも、みそ汁やスープに豆腐を入れることで解決！ タンパク質をしっかり摂ると、朝の目覚めがよくなります。豆腐入りの汁物で体温が上がるので、代謝が上がって太りにくく健康的な体作りにもつながります。

豆腐、キャベツ、わかめの
だしいらずみそ汁

材料（2人分）

木綿豆腐 …… 1/2丁（150g）
キャベツ …… 1枚
カットわかめ …… 小さじ1
ちりめんじゃこ …… 大さじ1
みそ …… 大さじ1強

memo

カルシウムやビタミンDが豊富なちりめんじゃこ。旨みが強いのでだしとして使えて、そのまま食べられるので便利。

作り方

1. 豆腐は縦半分に切り、さらに1cm幅に切る。キャベツは2cm幅に切る。
2. 小鍋に水1¾カップとちりめんじゃこを入れて火にかける。煮立ったらあくを引き、キャベツを加え、ふたをして3分ほどキャベツに火を通す。
3. わかめを加え、みそを溶き入れ、豆腐を加えて温める。器に盛り、好みで長ねぎの小口切りや七味唐辛子をふっても。

豆腐となめこのだしいらずみそ汁

材料（2人分）

木綿豆腐 …… 1/2丁（150g）
なめこ …… 1/2パック（50g）
ちりめんじゃこ …… 大さじ1
みそ …… 大さじ1強
万能ねぎの小口切り …… 1本分

memo

なんでも残り野菜をプラスすれば、ひと椀で栄養バランス良し、ボリューム良しの立派なおかずに。

作り方

1. 豆腐は小さめの角切りにする。なめこはざるに入れ、洗って水けをきる。
2. 小鍋に水1½カップとちりめんじゃこを入れて火にかける。煮立ったらあくを引き、なめこを加えてさっと煮る。
3. みそを溶き入れ、豆腐を加えて温める。器に盛り、万能ねぎをふる。

食感のいい組み合わせ。
シンプルだけどやさしい味わい
旨みたっぷり。なめこの
つるっとした食感がおいしい

ベーコンのコクと
黒こしょうのピリッとした
辛みをアクセントに

豆腐、ズッキーニ、ベーコンのだしいらずみそ汁

材料（2人分）

木綿豆腐 …… 1/2丁（150g）
ズッキーニ …… 1/4本（50g）
ベーコン …… 1枚（15g）
長ねぎ …… 1/4本（25g）
ちりめんじゃこ …… 大さじ1
みそ …… 大さじ1
粗びき黒こしょう …… 少々

memo

ズッキーニがない場合は、なすやかぼちゃで代用してもおいしい。豆腐やベーコンとの相性もバッチリです。

作り方

1. 豆腐は棒状に切る。ズッキーニは3mm厚さの半月切りにする。ベーコンは1cm幅に切る。長ねぎは5mm幅の斜め切りにする。

2. 小鍋に水1½カップ、ちりめんじゃこ、長ねぎを入れて火にかける。煮立ったらあくを引き、ズッキーニとベーコンを加え、ふたをして2分ほど煮る。

3. みそを溶き入れ、豆腐を加えて温める。器に盛り、黒こしょうをふる。

豆腐、トマト、にらの だしいらず赤だし

トマトの旨みと酸味は
赤だしとの相性抜群！

memo

トマトは旨み成分であるグルタミン酸の宝庫。ちりめんじゃこの旨みと合わせ、味わい深い赤だしに仕上がります。

材料（2人分）

- 木綿豆腐……1/2丁（150g）
- トマト……1/3個（50g）
- にら……1/10束（10g）
- 赤だしみそ……大さじ1強
- みりん……小さじ1
- ちりめんじゃこ……大さじ1

作り方

1. 豆腐は角切りにする。トマトは皮ごと1cm角に切る。にらは1〜2cm幅に切る。
2. 水1½カップから少量を取り分け、みそとみりんを加えて溶き混ぜる。
3. 小鍋に残りの水とちりめんじゃこを入れて火にかけ、煮立ったらあくを引き、**2**を溶き入れる。**1**を加えて温め、器に盛る。

かんたん酸辣湯《スーラータン》

豆腐を加えることで
スープの酸味と辛みが
ほどよくマイルドに

材料（2人分）

絹ごし豆腐 …… 1/2丁（150g）
しめじ …… 小1/2パック（50g）
長ねぎ …… 8cm
プチトマト …… 3個
ごま油 …… 大さじ1
A［水 …… 2カップ
　鶏がらスープの素 …… 小さじ1
　酒 …… 大さじ1
B［しょうゆ …… 小さじ1
　こしょう …… 適量（多め）
　塩 …… 少々
片栗粉 …… 大さじ1/2
溶き卵 …… 1個分
酢 …… 大さじ1
こしょう、ラー油 …… 各適量

作り方

1. 豆腐はひと口大に切る。しめじは石づきを取ってほぐす。長ねぎは斜め薄切りにする。プチトマトは縦半分に切る。

2. 鍋にごま油を熱し、しめじと長ねぎを入れて炒め、Aを加えて煮立てる。あくを引き、豆腐、Bを加えて味を調える。

3. 片栗粉を水大さじ1で溶き、2に加えてとろみをつけ、プチトマトを加え、さらに溶き卵を加えてさっと煮る。火を止めて酢を加え、器に盛り、好みの量のこしょうとラー油をふる。

memo

しめじは、えのきやしいたけなど家にあるきのこで代用してもOK。野菜は玉ねぎ、にんじんのうす切りなど常備の野菜を使っても。

洋風コーン豆腐スープ

なめらかなコーンクリームに
豆腐がからんで
とろっとおいしい

材料（2人分）

絹ごし豆腐 ……… 1/2丁（150g）
玉ねぎ ……… 1/4個（50g）
バター ……… 大さじ1/2
コーンクリーム缶 ……… 1カップ
チキンコンソメスープの素 ……… 1/2個
牛乳 ……… 1カップ
こしょう ……… 少々

作り方

1. 豆腐は1cm角に切る。玉ねぎは薄切りにする。
2. 厚手の鍋にバターを溶かし、玉ねぎを入れてしんなりするまで炒める。
3. コーンクリーム缶、砕いたコンソメを加えて煮立て、牛乳、こしょう、豆腐を加えて混ぜながら温める。
4. 味をみて好みで塩を足し、器に盛る。

memo

コーンスープは腹持ちがよく、主食代わりにもなります。豆腐を加えることで栄養価がアップ。タンパク質も摂れ、“食べる”スープに。

豆腐と玉ねぎのカレースープ

やわらかな豆腐と
シャキシャキ野菜を
やさしいカレー味でまとめて

材料（2人分）

絹ごし豆腐 …… 1/2丁（150g）
玉ねぎ …… 1/4個
キャベツ …… 1枚
オリーブ油 …… 大さじ1/2
カレー粉 …… 小さじ1/2
A［水 …… 1½カップ
　酒 …… 大さじ1
　チキンコンソメスープの素 …… 1個
B［しょうゆ、カレー粉 …… 各少々

memo

カレー粉は、ターメリックなど複数のスパイスを調合したもの。食欲増進の効果も期待できます。

作り方

1. 豆腐は食べやすい角切りにする。玉ねぎは薄切りにし、キャベツはせん切りにする。
2. 鍋にオリーブ油を熱し、玉ねぎを入れて炒め、キャベツとカレー粉も加えてしんなりするまで炒める。
3. Aを加えて煮立て、あくを引き、ふたをして2分煮る。豆腐を加えて温め、Bを加えて器に盛る。

和えるだけ

白和えはおいしいけど
作るのが面倒……

裏ごしもすり鉢も不要。豆腐をサラダ感覚で手軽に食べよう！

豆腐で作る定番の副菜といえば、白和え。なめらかな口当たりでやさしい味は、ヘルシーで栄養も満点！　でも、イチから作るとなると、豆腐に重しをのせて水きりしたり、裏ごししたり、ごまと一緒にすり鉢ですったり……とかなり面倒。そこで提案したいのが、泡立て器を使って作るふわっとした白和え。ゆでた豆腐を使うことで水分が抜け、水っぽくなりません。かんたんにできる押し豆腐も、野菜と和えるのにぴったりですよ。

時短 POINT

その 1 和え衣 の作り方

泡立て器で混ぜるだけで簡単和え衣に

木綿豆腐は1～2分ゆでてざるにあげておけば、粗熱がとれる頃には水分が抜け、かんたんに水きりできます。これにすりごまや練りごま、調味料を加えて泡立て器でなめらかになるまで混ぜるだけ。豆腐を裏ごししたり、すり鉢ですったりしなくても、おいしい白和え衣ができます。

その 2 押し豆腐 の作り方

豆腐を半分の厚さに切ってから重しをのせることで、水きり時間を短縮！

押している間に
シャワーを浴びたり、
他の料理を作ったり
押し豆腐も30分で完成！

木綿豆腐1丁（300～350g）は厚みを半分に切り、上下をペーパータオルで挟んでバットにのせます。さらにバット、ボウルなどの重しを上にのせ、30分おく。夏場はこのまま冷蔵庫へ。途中でペーパータオルを取り換えると早く水きりできますよ。

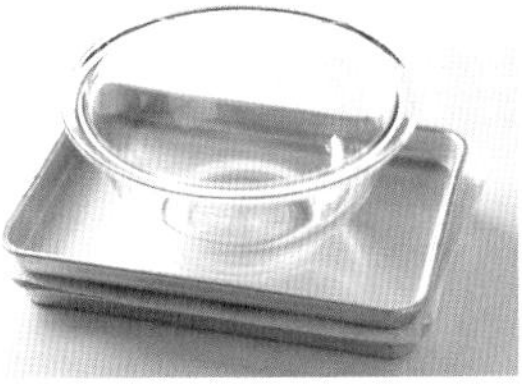

白和え 2種

ふわっと口当たりのいい和え衣。
柿の甘み、春菊のほのかな苦みが
いいアクセントに

柿の白和え

材料（1～2人分）

A
- 木綿豆腐 …… 1/2丁（150g）
- 白すりごま、白練りごま（※） …… 各大さじ1
- 薄口しょうゆ、砂糖 …… 各小さじ1
- 塩 …… 極少々

柿 …… 1個（正味約150g）

※白練りごまがないときは
白すりごま大さじ3で代用すればOK

作り方

1. 鍋に湯を沸かし、豆腐を入れてざっと箸で切り、温まるまでゆで、ざるにあげて粗熱をとる。ペーパータオルで包んで水けをしぼり、残りのAを加えて泡立て器で混ぜる。
2. 柿は皮をむき、へたを取ってあれば種を除き、1.5cm角に切る。1と混ぜ、器に盛る。

春菊の白和え

材料（1～2人分）

A
- 木綿豆腐 …… 1/2丁（150g）
- 白すりごま、白練りごま（※） …… 各大さじ1
- 薄口しょうゆ、砂糖 …… 各小さじ1
- 塩 …… 極少々

春菊 …… 150g
しょうゆ …… 少々

作り方

1. Aの材料で和え衣を作る（上記参照）。
2. 春菊は4cm幅に切り、塩適量（分量外）を加えた熱湯に軸から入れてゆで、冷水にとる。水けをしぼり、しょうゆをふって和え、さらにしぼる。
3. 1と2を混ぜ、器に盛る。

memo

冷蔵庫に残った野菜も、この衣で和えれば立派な一品に。抗酸化力が高く、美容や健康にいいごまをたっぷり入れた白和えです。

アボカドのゆずこしょう白和え

ゆずこしょうのきいた大人の味わい。
レモンたっぷりがおすすめ

材料（1～2人分）

木綿豆腐 …… 1/2丁（150g）
アボカド …… 1個
A［ゆずこしょう …… 小さじ1/2
　薄口しょうゆ（またはしょうゆ） …… 小さじ1
　マヨネーズ …… 大さじ1
レモンのくし切り …… 適量

memo

アボカドと豆腐で食べごたえも十分。アボカドの鮮やかな色をキープするためにも、味を引き締めるためにもレモンは必須。

作り方

1. 鍋に湯を沸かし、豆腐を入れてざっと箸で切り、温まるまでゆで、ざるにあげて粗熱をとる。ペーパータオルで包んで水けをしぼる。
2. アボカドは縦半分に切り、種を取って皮をむき、ひと口大に切る。
3. 1にAを加えて泡立て器で混ぜ、2も加えてさっくり混ぜる。器に盛り、レモンを添え、しぼっていただく。

ズッキーニのごま白和え

黒ごまのコクと塩昆布の
旨みたっぷり。
ズッキーニの食感も楽しい

memo

ズッキーニは低カロリーなのでダイエットにもぴったり。ズッキーニの他にきゅうりとコーンもよく合う。

材料（1～2人分）

木綿豆腐……1/2丁（150g）
ズッキーニ……小1本（150g）
塩……少々
A［黒すりごま……大さじ1
　 しょうゆ、ごま油……各小さじ1
塩昆布……大さじ1

作り方

1. 鍋に湯を沸かし、豆腐を入れてざっと箸で切り、温まるまでゆで、ざるにあげて粗熱をとる。ペーパータオルで包んで水けをしぼる。
2. ズッキーニは縦半分に切り、さらに斜め薄切りにする。塩もみし、しんなりしたらさっと洗って水けをしぼる。
3. 1にAを加えて泡立て器で混ぜる。2と塩昆布も加えて混ぜ、器に盛る。

豆腐とコーンのザーサイ白和え

コーンの甘みで食べやすく、ザーサイ入りの中華風味で満足感あり！

材料（1～2人分）

木綿豆腐 ……… 1/2丁（150g）
コーン缶 ……… 50g
ザーサイ（瓶詰）……… 15～20g
長ねぎ ……… 5～7cm
A［白すりごま ……… 大さじ1
　 塩 ……… ごく少々
　 ごま油 ……… 小さじ1

作り方

1. 鍋に湯を沸かし、豆腐を入れてざっと箸で切り、温まるまでゆで、ざるにあげて粗熱をとる。ペーパータオルで包んで水けをしぼる。

2. コーン缶は汁けをきる。ザーサイと長ねぎは粗みじん切りにする。

3. 1にAを加えて泡立て器で混ぜる。2も加えて混ぜ、器に盛る。

memo

凝縮された旨みとほどよい塩けがおいしいザーサイは、豆腐ととても相性がいい。もっと手軽に作りたいなら、和えずに冷やっこにトッピングするだけでもおいしい。

押し豆腐とたたききゅうりの梅みょうが和え

しっかり食感の押し豆腐なら水っぽくならず◎。梅の酸味でさっぱりと

材料（1～2人分）

押し豆腐（P.57参照）……… 1丁分
きゅうり ……… 1本
みょうが ……… 2個
オリーブ油 ……… 小さじ2
梅干し（種を取ってたたいたもの）
　……… 小さじ2～4

作り方

1. 押し豆腐は食べやすい大きさにちぎる。きゅうりはめん棒などでたたいて割る。

2. みょうがは小口切りにし、さっと洗って水けをふく。

3. 1にオリーブ油と梅干しを加えて和える。みょうがも加えてさっと混ぜ、器に盛る。

memo

バテ気味で食欲がないときでも食べやすい一品。押す時間がとれないときは、豆腐をほぐしてからペーパータオルに包んで水きりを。

押し豆腐、しらす、ルッコラのしょうゆごま油和え

大豆の旨みが凝縮した押し豆腐とごま風味のルッコラは相性ぴったり

材料（1～2人分）

押し豆腐（P.57参照）……… 1丁分
ルッコラ ……… 1束（50g）
A ［ごま油、しょうゆ ……… 各小さじ1～2
　 しらす干し ……… 30g

作り方

1. 押し豆腐は縦半分に切り、さらに1cm幅に切る。
2. ルッコラは3cm幅に切る。
3. 1とルッコラにAをふって和え、器に盛る。

memo

ルッコラはベビーリーフやサラダほうれん草、水菜などで代用しても。押す時間がとれないときは豆腐を切ってからペーパータオルで包んで水きりを。

押し豆腐、生ハム、クレソンの塩オリーブ油和え

少量の塩とこしょうで充分おいしい！
おもてなしメニューにも

材料（1～2人分）

押し豆腐（P.57参照）……1丁分
A［塩……少々
　黒こしょう……少々
　オリーブ油……小さじ2
生ハム……40g
クレソン……約1/2束（25～30g）
プチトマト……3～4個

作り方

1. 押し豆腐は角切りにし、Aをふってざっと和える。

2. 生ハムはちぎる。クレソンの軸は刻み、葉はちぎる。プチトマトはへたを取って4つ割りにする。

3. 1に生ハムとクレソンの軸を混ぜて器に盛り、プチトマトとクレソンの葉をのせる。よく混ぜていただく。

memo

押し豆腐の食感がギリシャのフェタチーズにそっくり。きゅうりや玉ねぎなど好みの野菜を加えてボリュームアップしても。

煮るだけ

料理しながら、
他のこともできると助かる

火加減も火通りも気にしない！豆腐なら、煮物だってかんたんにできる

煮物は「難しい」「手間がかかる」というイメージを持つ人が多く、敬遠されがち。煮詰まらないよう火加減を調節したり、火の通りにくいものから時間差で煮込んだり、つきっきりで鍋を見張っておかないといけないとなると確かに面倒です。でも、豆腐なら大丈夫！　冷凍した豆腐なら短時間で味がしみ込むし、火通りを気にすることもなし。さっと煮るだけでおいしく仕上がります。

時短 POINT

その1 冷凍豆腐の作り方

豆腐を冷凍したら、短時間で味がジュワッとしみ込みやすく！

木綿豆腐は市販のパックのまま袋に入れて冷凍すれば2カ月、切ってからラップに包んで冷凍した場合は2〜3週間保存できます。朝に冷蔵室に移せば、夕方には自然解凍ずみ。時間がないときは電子レンジ弱や解凍モードで解凍を。水をよくしぼってから調理すると、高野豆腐のように煮汁をしみ込みやすくなります。

その2 煮ている間に

副菜を準備すれば2品が同時に完成

豆腐を使えば煮物も手間いらず。とはいえ、火にかけたままキッチンを離れるわけにはいきません。そこで、煮ている間にもう1品、野菜を切ったり和えたりするだけでできる副菜を準備。煮物ができあがるころには主菜と副菜が同時に完成します。

冷凍豆腐と豚しゃぶの水菜肉豆腐

肉の旨みが溶け出しただしがジュワッと豆腐にしみ込んで絶品

材料（2人分）

冷凍豆腐（P.69参照）……… 1丁分
水菜 ……… 1/2束（100g）
豚ロースしゃぶしゃぶ用肉 ……… 100g
A［ だし ……… 1½カップ
薄口しょうゆ、みりん、酒 ……… 各大さじ1½
七味とうがらし ……… 少々

作り方

1. 冷凍豆腐は解凍して水けをしぼり、8つに切り、もう一度水けをしぼる。水菜は4〜5㎝に切る。
2. 鍋にAを煮立て、弱火にして豚肉をほぐし入れ、あくを引き、冷凍豆腐を加える。ふたをして3〜5分ほど煮る。
3. 肉と豆腐を取り出し、強火にして水菜を加えて、上下を返してさっと煮る。器に盛り、七味をふる。

memo

豚肉の代わりに牛しゃぶしゃぶ肉や薄切り肉、ツナ缶やサバ缶もよく合います。豆腐を厚揚げに代えてもおいしい。

だしがしみ込んだ豆腐
＋追いがつおで
風味広がるおいしさ

冷凍豆腐の小松菜おかか煮

材料（1～2人分）

冷凍豆腐（P.69参照）
……1丁分
小松菜……3～4株（100g）
A［だし……1カップ
しょうゆ、酒、みりん
……各大さじ1
砂糖……少々］
削り節……1パック（約4g）

作り方

1. 冷凍豆腐は解凍して水けをしぼり、大きめにちぎり、もう一度水けをしぼる。小松菜は根元を十字に深く切って洗い、3～4cm幅に切る。

2. 鍋にAを煮立て、豆腐を入れて、ふたをして3分ほど煮る。

3. 中火強にして、小松菜を加え、ふたをしてさっと煮る。火を止め、削り節を混ぜて盛る。

memo

青菜類は火を通すとかさが減ってしまうところ豆腐でボリュームアップ。豆腐を厚揚げや油揚げに代えてもおいしい。

豆腐ときのこのたらこ煮

きのこがふわっと香る。
たらこのつぶつぶ感も
アクセントに

材料（2人分）

絹ごし豆腐 …… 1丁（300～350g）
えのき …… 小1/2パック（50g）
しめじ …… 小1/2パック（50g）
たらこ …… 1/2腹（40g）
酒 …… 大さじ1
A［だし …… 1カップ
　薄口しょうゆ、みりん
　　…… 各小さじ2～3
B［だし …… 大さじ2
　片栗粉 …… 大さじ1

作り方

1. 豆腐はひと口大に切る。しめじとえのきは石づきを取り、半分に切る。
2. たらこは薄皮を取り、酒を加えてほぐす。
3. 鍋にAを煮立て、しめじ、えのき、豆腐の順に加え、ふたをして3分ほど煮る。
4. 2を加えてさっと混ぜる。よく混ぜたBを数回に分けて入れ、とろみをつけて盛る。

memo

きのこはしめじとえのき、どちらか100gでもOK。きのこをサラダ油大さじ1/2で炒めてから煮るとコクが出てよりおいしくなります。

豆腐の片栗粉まぶし煮

だしじょうゆがとろんとからんで
やさしい口当たり。
夜食にもおすすめ

材料（1～2人分）

木綿豆腐 …… 1丁（300～350g）
A ┌ だし …… 1カップ
　 └ しょうゆ、みりん、酒 …… 各大さじ1
片栗粉 …… 適量
しょうがのすりおろし …… 1かけ分
万能ねぎの小口切り …… 1本分

作り方

1. 豆腐は4つに切り、ペーパータオルに包んで水けをきる。

2. 鍋（直径18cmくらい）にAを煮立て、豆腐に片栗粉を軽くまぶして入れ、ふたをして3～4分、豆腐が温まるまで煮る。

3. 豆腐に汁をかけてさっと煮て器に盛り、しょうがと万能ねぎをのせる。

memo

夜遅くに帰宅しても豆腐さえあればすぐに作れます。消化がよく、温かいので胃腸に負担もかかりません。

3種だれの湯豆腐

3種類のたれを添えて。豆腐だけで
こんなにいろんな味が楽しめる！

材料（1～2人分）

豆腐（木綿、または絹ごし）
……… 1丁（300～350g）
昆布 ……… 10cm
好みのたれ（下記参照）……… 適量

作り方

1. 豆腐は4～6つに切る。
2. 小鍋に昆布と水1カップを入れて10分ほどおく。
3. 1を入れてかぶるまで水を加え、中火にかける。煮立ったら弱火にし、豆腐がゆれるくらい芯まで温まったら、器に取って好みのたれでいただく。

◎おかかねぎだれの作り方

水大さじ3、削り節1パック（4g）、しょうゆ大さじ1½を耐熱カップに入れ、ラップをかけずに電子レンジ（600W）で40～50秒加熱し、温める。長ねぎの小口切り10cm分、しょうがのすりおろし1かけ分を混ぜる。

◎ゆずこしょうオリーブ油だれの作り方

ゆずこしょう小さじ1にオリーブ油大さじ1～1½を好みの量混ぜる。

◎しょうがポン酢しょうゆだれ

ポン酢しょうゆ大さじ1、ごま油小さじ1、しょうがのすりおろし1/2かけ分を混ぜる。

memo

冷蔵庫にある野菜やきのこ類、肉などを一緒に煮るとシンプルな豆腐の鍋として楽しめます。

豆乳湯豆腐

大豆の風味がギュッ!
とろとろなめらかな豆腐が
じんわりおいしい

材料（1～2人分）

絹ごし豆腐
　……… 1丁（300～350g）
昆布 ……… 10cm
豆乳（無調整）……… 1カップ
好みのたれ（P.76参照）……… 適量

作り方

1. 豆腐は4～6つに切る。
2. 小鍋に昆布と水1カップを入れて10分ほどおく。
3. 1と豆乳を加え、豆腐がかぶらないようなら水と豆乳（1：1の割合）を足す。中火にかけ、煮立ったらごく弱火にし、豆腐を温める。器に取って好みのたれでいただく。

memo

ぐらぐら煮立てると豆乳がボソボソになるのでごく弱火で煮ましょう。

炒めるだけ

いつも肉野菜炒め
ばっかりになっちゃう

どんな味付けにもハマる豆腐を肉代わりに使えば、バリエが広がる！

献立に迷ったときは、冷蔵庫の中の余り物で「肉野菜炒め」にするのがいつものパターン。そんな人におすすめなのが、肉の量を減らして豆腐を加えることです。大きめに切って豆腐の食感を活かすのもアリだし、炒り豆腐にしてそぼろ状の食感を味わうのもアリ。豆腐なら調味料もからみやすく、どんな味付けにも合うのでバリエーションが広がります。タンパク質も摂れてボリュームもあるので、メインのおかずとしての存在感もバッチリです。

おいしいPOINT

その1 油でこんがり焼いた豆腐は肉にも負けないおいしさ

肉代わりに豆腐を使うなら、まずはペーパータオルで包んで水けをふき取ってから、油でこんがり焼くこと。焼いている間に水分が出て豆腐が引き締まり、食べごたえのある食感になります。これを野菜と炒めたら、いつもの炒め物とは違ったおいしさが味わえます。

その2 冷凍豆腐を炒め物にするとさらに肉感アップ！

冷凍した豆腐（P.69参照）は高野豆腐のようで煮物に最適ですが、実は炒め物にもピッタリ。解凍してしっかり水けをしぼった豆腐を炒め物にすると、弾力が出て肉っぽいかための食感になります。油や調味料がからむとジューシーで、かなりの満足感！

ゴーヤキムチ豆腐チャンプルー

焼いた豆腐が香ばしく豚キムチと
相性抜群。ごはんがすすむおいしさ

材料（1～2人分）

木綿豆腐 ……… 1丁（300～350g）
豚バラ薄切り肉 ……… 3枚（60g）
ゴーヤ ……… 1/2本（100g）
長ねぎ ……… 1/2本
白菜キムチ ……… 50g
ごま油 ……… 大さじ1
A［みりん ……… 大さじ1/2
　 塩小さじ ……… 1/4
溶き卵 ……… 1個分
削り節 ……… 1パック

作り方

1. 豆腐は縦半分に切り、さらに1cm幅に切って、ペーパータオルに包んで水けをきる。豚肉は1cm幅に切る。ゴーヤは縦半分に切り、種とワタを取って横3mm幅に切る。長ねぎは斜め5mm幅に切る。キムチは刻む。
2. フライパンにごま油大さじ1/2を熱し、豆腐の両面を焼き、取り出す。
3. フライパンに残りのごま油を熱してゴーヤを炒め、色が変わったら豚肉、長ねぎ、キムチを加えて肉をほぐしながら炒める。肉の色が変わったら**2**を戻し入れ、Aをふって炒め合わせる。
4. 溶き卵を流し入れてさっと炒め、火を止めて削り節を混ぜ、器に盛る。

memo

1品で栄養バランスもボリュームも満点なうえに肉の脂質は控えめなのでヘルシー。ゴーヤの代わりににら、にんじんのせん切りなどで自由にアレンジを。

コーンの甘みとツナの旨みを
豆腐がキャッチ。
大人も子どもも大好き!

コーンとツナの炒り豆腐

材料（1～2人分）

木綿豆腐 ……… 1丁（300～350g）
コーン缶 ……… 1/2缶（60g）
万能ねぎ ……… 5本
ツナ油漬け缶 ……… 小1缶
A ［しょうゆ ……… 小さじ2～3
　 粗びき黒こしょう ……… 少々
サラダ油 ……… 大さじ1/2
溶き卵 ……… 1個分

作り方

1. フライパンにサラダ油を熱し、水けをきった豆腐を入れてくずしながら炒める。熱くなって豆腐から水分が出てきたら、ざるにあげて水けをきる。
2. コーン缶は汁けをきる。万能ねぎは3cm幅に切る。
3. フライパンをペーパータオルでふき取り、ツナ缶を油ごと入れ、2を加えてさっと炒める。1を戻してAをふり、溶き卵を回し入れて大きく混ぜ、火が通ったら器に盛る。

memo

豆腐を炒めると余分な水分が抜けて調味料がからみやすくなります。ごはんにのせて丼にしたり、冷まして汁けをきってお弁当にも。

さば缶とにんじんの炒り豆腐

旨み食材たっぷり。具だくさんで栄養満点なおふくろの味

材料（1～2人分）

木綿豆腐 ……… 1丁（300～350g）
にんじん ……… 1本（150g）
しめじ ……… 小1/2パック（50g）
さば缶 ……… 1/2缶（汁ごと80～90g）
ごま油 ……… 大さじ1
A ［ しょうゆ ……… 小さじ2
　　塩、こしょう ……… 各少々
溶き卵 ……… 1個分

作り方

1. フライパンにごま油大さじ1/2を熱し、水けをきった豆腐を入れてくずしながら炒める。熱くなって豆腐から水分が出てきたら、ざるにあげて水けをきる。

2. にんじんは太めに斜め切りにし、さらにせん切りにする。しめじは石づきを取ってほぐす。

3. フライパンをペーパータオルでふき取り、残りのごま油を熱して2を炒める。しんなりしたら1とさば缶を汁ごと加えて中火強にし、全体をほぐしながら混ぜ、Aをふって混ぜる。

4. 溶き卵を回し入れて大きく混ぜ、火が通ったら器に盛る。

memo

タンパク質やDHA、EPAなどが含まれ、旨みもたっぷり詰まったさば缶。缶汁にも栄養成分が溶け出しているので、汁ごと調理するといいでしょう。

基本の麻婆豆腐

少ない材料で作れて
味は本格派！

材料（1～2人分）

木綿豆腐……1丁（300～350g）
豚ひき肉……100g
サラダ油……大さじ1
A［しょうが、にんにくのみじん切り……各1かけ分
長ねぎの粗みじん切り……5cm分
豆板醤……小さじ1/2
B［水……1/2カップ
酒、しょうゆ……各大さじ1
オイスターソース……小さじ1
粗びき黒こしょう……適量（多め）
片栗粉……大さじ1/2
粗びき黒こしょう、粉山椒……好みで各適量

作り方

1. 豆腐は2cmくらいの角切りにする。
2. フライパンに湯を沸かし、豆腐を入れて2分ほどゆで、ざるにあげて水けをきる。
3. フライパンをふき、サラダ油とひき肉を入れて炒める。ほぐれてポロポロになったら、Aを加えて全体を混ぜながら炒める。
4. Bと**2**を加えて煮立て、2分ほど煮る。片栗粉を水大さじ1で溶き、数回に分けて加え、とろみをつける。器に盛り、好みで黒こしょう、粉山椒をふる。

memo

本格麻婆豆腐もゆでる→炒める→煮るのステップでOK。ゆでた青菜と一緒に丼にしても。

白くてふわふわ、ヘルシーな白麻婆に

きのこ入り塩麻婆豆腐

材料（1～2人分）

絹ごし豆腐 …… 1丁（300～350g）
鶏ひき肉 …… 100g
えのき …… 小1/2パック（50g）
サラダ油 …… 大さじ1
A［しょうがのみじん切り …… 1かけ分
　にんにくのみじん切り …… 1/2かけ分
　長ねぎの粗みじん切り …… 5cm分
　ゆずこしょう …… 小さじ1/2
B［水 …… 1/2カップ
　酒 …… 大さじ1
　鶏がらスープの素 …… 小さじ1/2
　塩 …… 小さじ1/3～1/3強
　白こしょう …… 適量（多め）
片栗粉 …… 大さじ1/2
粉山椒 …… 好みで適量

作り方

1. 豆腐は2cmくらいの角切りにする。えのきは細かめに刻む。

2. フライパンに熱湯を沸かし、豆腐を入れて2分ほどゆで、ざるにあげて水けをきる。

3. フライパンをふき、サラダ油とひき肉、刻んだえのきを入れて炒める。ほぐれてポロポロになったら、Aを加えて全体を混ぜながら炒める。

4. Bと**2**を加えて煮立て、2分ほど煮る。片栗粉を水大さじ1で溶き、数回に分けて加え、とろみをつけて器に盛る。好みで粉山椒をふっても。

memo

余りがちなゆずこしょうを活用して白い麻婆豆腐を。えのきがたっぷり入って旨みもヘルシーさもアップ。

冷凍豆腐のピーマン塩昆布炒め

豆腐はちぎって味がからみやすくする。
ピーマンがたっぷり食べられる！

材料（1～2人分）

冷凍豆腐（P.69参照）
……1丁分
ピーマン……5～6個（正味150g）
オリーブ油……大さじ1
A［酒……大さじ1
　塩、こしょう……各少々
塩昆布……大さじ2（約8g）

作り方

1. 冷凍豆腐は解凍して水けをしぼり、食べやすくちぎり、もう一度水けをしぼる。ピーマンは縦半分に切ってへたと種を取り、斜め5㎜幅に切る。
2. フライパンにオリーブ油を熱し、ピーマンをさっと炒め、冷凍豆腐を加えて炒め合わせる。
3. 豆腐が熱くなり、ピーマンに好みの加減まで火が通ったら、Aをふって炒め合わせる。火を止めて塩昆布を混ぜ、器に盛る。

memo

ビタミンCたっぷりのピーマンと豆腐の組み合わせは2食材でも栄養価バツグン。冷凍豆腐の代わりに厚揚げや焼き豆腐を使ってもおいしい。

しっかり食感の冷凍豆腐に
豚バラの肉汁がしみ込み
食べごたえアップ

冷凍豆腐の豚バラもやし炒め

材料（1～2人分）

冷凍豆腐（P.69参照）……1丁分
豚バラ薄切り肉……5枚（100g）
もやし……1/2パック（100g）
にら……1/2パック（50g）
ごま油……小さじ1～2
A［塩……小さじ1/3
　粗びき黒こしょう……少々
B［酒……大さじ1/2
　塩、こしょう……各少々

作り方

1. 冷凍豆腐は解凍して水けをしぼり、縦半分に切る。さらに1cm幅に切ってもう一度、両手ではさんで水けをしぼる。豚肉は3～4cm幅に切り、片面にAをふる。もやしはよく洗って水けをきる。にらは4cm幅に切る。

2. フライパンにごま油を熱し、豚肉を入れてほぐしながら炒める。肉の脂が出てきたら豆腐を加えて焼きつけるように炒め、もやしを加えて炒め合わせる。

3. もやしが熱くなったらにらを加えてさっと炒め、Bをふってさらに炒め合わせ、器に盛る。

memo

植物性と動物性のタンパク質が豊富。豚肉はロースやももを使うとさっぱりします。冷凍豆腐の代わりに厚揚げや焼き豆腐を使ってもおいしい。

ひと皿で満足

今日は小鉢をちまちま作りたくない

おかずを何品も作らなくてもＯＫ！豆腐ならひと皿に全部詰め込める

丼などのごはん物、麺類、粉物といった主食メニューは、作るのもラクチン。ひと皿にいろんな食材を詰め込めば、あとは野菜の小鉢やスープでＯＫ。小さいおかずを何品も用意しなくても、バランスのいい立派な献立になります。そして、ごはんとも麺とも相性がよく、粉物に混ぜ込んでも大丈夫な食材といえば豆腐。豆腐をメイン食材にして、野菜を組み合わせて作れば主食もヘルシーに、栄養満点に仕上がります。

時短 POINT

その 1　野菜が足りなければ スープかサラダを添えれば **献立としても優秀**

もうすこし野菜を食べたいという場合は、シンプルな汁物かサラダを添えれば栄養もバッチリです。豆腐のタンパク質、野菜のビタミンやミネラル、そしてごはんや麺などの炭水化物で、品数を作らなくてもバランス◎の献立に。

その 2　炊き込みごはんにするなら 豆腐は **下準備なし** で 放り込むだけ

P.102で紹介する豆腐の炊き込みごはん。豆腐は事前に水きりしたり、ペースト状にしたりといった下準備をする必要はなし。そのまま米の上にのせて炊くだけです。1丁丸ごと使えばボリューム感もアップ！

とろとろしょうがあんかけ豆腐丼

とろ～り、つゆだくで胃腸にやさしい。
朝ごはんにもぴったり

材料（1人分）

絹ごし豆腐 ……… 1/2丁（150g）
小松菜 ……… 60g
A［だし ……… 1カップ
　薄口しょうゆ、みりん、酒
　　……… 各大さじ1弱
B［片栗粉 ……… 大さじ1/2
　だし ……… 大さじ1
しょうがのすりおろし ……… 小さじ1
温かいごはん ……… 150g

作り方

1. 豆腐は小さめの角切りにする。小松菜は根元を4つ割りにして洗い、1.5cm長さに切る。

2. 鍋にAを煮立て、1を加えて2分ほど煮る。よく混ぜたBを数回に分けて加え、とろみがついたら火を止めてしょうがを混ぜる。

3. 器に温かいごはんを盛り、2をかける。しょうがの代わりにわさびを添えても。

memo

しょうがとあんで体が温まり、代謝も上がるヘルシー丼です。野菜はチンゲン菜やもやし、にらなどお好みのものでOK。

じゃこ油かけ豆腐丼

カリカリに炒めたじゃこをトッピング。
忙しい日の1人ランチにも！

材料（1人分）

絹ごし豆腐 …… 1/2丁（150g）
水菜 …… 1/4束（50g）
温かいごはん …… 150g
ちりめんじゃこ …… 30g
オリーブ油 …… 大さじ1
しょうゆ …… 少量
粗びき黒こしょう …… 少々

作り方

1. 豆腐はペーパータオルに包んで水けをきる。水菜は2cm幅に切る。
2. 器に温かいごはんを盛り、水菜をのせ、豆腐をスプーンですくってのせる。
3. フライパンにオリーブ油とちりめんじゃこを入れ、中火でカリカリになるまで炒め、熱い油ごと**2**にかける。さらにしょうゆをかけ、黒こしょうをふる。

memo
ちりめんじゃこと豆腐でタンパク質がたっぷり摂れるレシピです。水菜にはカリウムやビタミンCも含まれ、ひと皿で栄養も◎。

さば缶とレタスの豆腐和え麺

缶汁もたれに活用して
コク深い味に。
ひと皿で大満足のボリューム

材料（1人分）

木綿豆腐 ……… 1/3 ～ 1/2 丁
（100 ～ 150g）
さば缶の身 ……… 1/3 缶（50g）
長ねぎ（白い部分） ……… 5cm
プチトマト ……… 3 個
レタス ……… 2 ～ 3 枚（60 ～ 80g）
中華生麺（中太） ……… 1 玉（120g）
A
- さば缶の汁 ……… 大さじ 1/2
- オイスターソース、ごま油 ……… 各小さじ 1
- しょうゆ ……… 小さじ 1/2 ～ 1
- 粗びき黒こしょう ……… 少々

作り方

1. 豆腐は食べやすくちぎってペーパータオルにのせ、水けをきる。さば缶は汁けをきって身をほぐす（汁はAの材料で使用）。長ねぎは白髪ねぎにする。プチトマトは半分に切る。レタスは太めのせん切りにする。
2. 鍋にたっぷりの湯を沸かし、麺を表示よりやや長めにゆでる。冷水にとって洗い、氷水で締め、水けをしぼる。
3. ボウルに 2 とAを入れて混ぜ、レタスを加えて混ぜて器に盛る。上に残りの1をのせ、よく混ぜていただく。

memo

栄養不足になりがちな麺類ですが、豆腐とさば缶でタンパク質を、野菜でビタミンやミネラルもとれる完璧な一品に。

豆腐のにら玉みそおじゃ

忙しい朝でもこれならかんたん。
にら玉パワーでスタミナアップ

材料（1人分）

木綿豆腐
……… 1/3 ～ 1/2 丁（100 ～ 150g）
にら ……… 1/2 束弱（40g）
だし ……… 1カップ
温かいごはん ……… 120 ～ 150g
みそ ……… 小さじ2 ～ 3
溶き卵 ……… 1個分

作り方

1. 豆腐は小さめの角切りにする。にらは3cm幅に切る。
2. 小鍋にだしを煮立ててごはんを入れ、みそを溶き入れる、豆腐を加え、再び煮立ったらにらを加え、さっと混ぜながら煮る。
3. 溶き卵を回し入れて大きく混ぜ、火が通ったら器に盛る。

memo

にらの代わりに万能ねぎの小口切り1/2本を使っても。消化がよく、栄養も十分、体を内側から温めてくれます。

豆腐とかぶの豆乳がゆ

あっさりやさしい味付けに
ザーサイの塩けをトッピング

材料（1人分）

絹ごし豆腐……1/3丁（100g）
かぶ……1個（約120g）
温かいごはん……120～150g
A［水……3/4カップ
　酒……大さじ1
　鶏がらスープの素……小さじ1/4
無調整豆乳……3/4カップ
塩……少々
ザーサイ（瓶詰）……適量
ごま油……小さじ1

作り方

1. 豆腐は小さくちぎる。かぶは皮ごと1cmの角切りにし、葉は1～2cm幅に切る。
2. 小鍋にAとかぶを入れて煮立て、葉とごはんを加えてふたをし、2分煮る。豆腐と豆乳を加えて温め、かぶがややかたいうちに塩で薄めに味をつける。
3. 器に盛り、刻んだザーサイをのせ、ごま油を回しかける。

memo

かぶの代わりにチンゲン菜や白菜、小松菜を合わせてもおいしい。味付けは薄めに。仕上げのザーサイやごま油が引き立ちます。

豆腐チヂミ

水の代わりに豆腐を使ったふっくらチヂミ。
もっちり食感が魅力

材料（1～2人分）

絹ごし豆腐 ……… 120～140g
卵 ……… 1個
薄力粉 ……… 80g
片栗粉 ……… 大さじ1
わけぎの小口切り ……… 60g
桜えび ……… 5g
ごま油 ……… 大さじ1/2
A［酢、しょうゆ ……… 各大さじ1/2
　 一味とうがらし ……… 少々

作り方

1. ボウルに卵を溶き、豆腐120gを加えて泡立て器でほぐす。
2. 薄力粉と片栗粉をふり入れ、泡立て器でなめらかになるまで混ぜる。かたすぎる場合は豆腐を10～20g加え、わけぎと桜えびも加えて、ゴムベラでさっくり混ぜる。
3. フライパンにごま油を中火で熱し、2をゴムベラで平らに広げ入れ、ふたをして3分焼く。ひっくり返し、ふたをしないでさらに2分ほど焼く。
4. 食べやすく切って器に盛り、Aを添えていただく。

memo

豆腐の量は、混ぜたときにとろっと流れ落ちるくらいに調整してください。わけぎは、万能ねぎや長ねぎでもOKです。

カレー粉＋めんつゆ＋しょうがで
ほんのり甘くスパイシーな味わいに

豆腐の炊き込みごはん

材料（作りやすい分量・茶碗６杯分）

絹ごし豆腐 ……… 300g
米 ……… ２合
玉ねぎ ……… 1/2 個（100g）
にんじん ……… 小 1/2 本（50g）
しょうがのみじん切り ……… 20 ～ 30g
ツナ油漬け缶 ……… 小１缶
A
- めんつゆ（３倍濃縮）……… 大さじ３
- 酒 ……… 大さじ２
- トマトケチャップ ……… 大さじ１
- カレー粉 ……… 小さじ２

パセリ ……… 少々

memo

豆腐でカサが増えるので、米は少なめでもお腹いっぱいに！ 豆腐から水分が出るので重さは量って作りましょう。

作り方

1. 米はざるに入れて洗い、水けをきってラップをのせて 30 分おく。
2. 玉ねぎ、にんじんは粗みじん切りにする。
3. 炊飯器の内釜に1とAを入れ、２合の目盛りまで水を足してさっと混ぜる。2、しょうが、ツナ缶を油ごと加え、豆腐をのせてすぐに炊飯スイッチを押す。
4. 炊きあがったら、さっくり混ぜて器に盛る。刻んだパセリをふる。

ボリュームおかず

豆腐料理は薄めの味で
物足りない……

油で焼く、揚げる。旨み食材を足す。豆腐が〝ごはんがすすむおかず〟に変身

豆腐は健康食材の代表格。でも、いつも薄味では物足りなく感じてしまうもの。そんなときは、あっさりした和え物や蒸し物ではなく、ごはんがすすむしっかり味のおかずがおすすめ。ポイントは油を使って調理すること、そして発酵食品と組み合わせること。油で焼いたり揚げたり、コクや旨みのあるチーズやみそをプラスすることで、豆腐がガッツリメニューに大変身！きっと新たなおいしさに出合えるはずです。

おいしいPOINT

その1 油や発酵食品をプラスして肉料理に負けない満足感を！

豆腐に足りないのは油脂分。油と一緒に調理すると、ジューシーで満足感のあるメインのおかずが作れます。調理する際は、豆腐に小麦粉や片栗粉をまぶしてから焼いたり揚げたりすると、たれやソースがよくからんでコクがアップ。また、チーズやみそ、キムチなどの発酵食品とも相性抜群なので、グラタンやみそ煮にすると旨みたっぷりに仕上がります。

その2 遅めの夜ごはんでも豆腐なら罪悪感なし！

ステーキやグラタンといった高カロリーなメニューも、肉の代わりに豆腐を使えばヘルシー。「ダイエット中だけどガッツリ食べたい！」という人も、カロリーを気にせず食事が楽しめます。夜ごはんが遅くなった場合も、豆腐なら消化がいいので安心です。

豆腐のガーリックステーキ

肉に負けない存在感！
ごろごろトマトソースがまたおいしい

材料（1～2人分）

木綿豆腐 …… 1丁（300～350g）
プチトマト …… 12個
ベーコン …… 2枚（30g）
A［ しょうゆ、みりん …… 各小さじ1½～2
オリーブ油 …… 大さじ1弱
小麦粉 …… 少々
にんにくのみじん切り …… 1かけ分
塩、粗びき黒こしょう …… 各ごく少々
パセリ …… 少々

作り方

1. 豆腐は厚みを半分に切り、ペーパータオルに包んで水けをきる。プチトマトは横半分に切る。ベーコンは1cm幅に切る。

2. フライパンにオリーブ油大さじ1/2を熱し、1の豆腐全体に小麦粉をまぶして並べ入れる。両面香ばしく焼き、Aを全体にからめて器に盛る。

3. フライパンを洗って残りのオリーブ油（小さじ1くらい）、ベーコン、にんにくを入れて火にかける。香りが出てベーコンがカリッとしたら、プチトマトの切り口を下にして加えてさっと焼き、全体を炒めて塩、黒こしょうをふる。

4. 2に3をかけ、パセリをちぎって散らす。

memo

時間がないときは、作り方2までの段階でも照り焼き風で充分おいしい！ 3のトマトソースをかけると、さらにおいしさも見た目の華やかさもアップします。

とろ〜りチーズと
焼けたマヨネーズの香りが
食欲をそそる一品

押し豆腐のマヨチーズ焼き

材料（2人分）

押し豆腐（P.57参照）……1丁分（2枚）
塩、こしょう……各少々
小麦粉……少々
サラダ油……大さじ1/2
ブロッコリー……小1/2個（100g）
A［玉ねぎのみじん切り、
　マヨネーズ……各大さじ2
　牛乳……大さじ1
　塩……極少々
ピザチーズ……20〜30g
粗びき黒こしょう……少々

memo

たんぱくな豆腐にマヨネーズとチーズを加えてボリューム感アップ。白ワインにもよく合います。

作り方

1. ブロッコリーは小房に分けて水にさらし、塩ゆでにする。
2. Aは混ぜておく。
3. 豆腐は片面に塩、こしょうをふり、全体に小麦粉をまぶす。フライパンに油を熱し、豆腐を入れ、軽くきつね色になるまで両面を焼く。
4. オーブントースターの天板にホイルを敷き、**3**を置いて**2**をかけ、チーズをふって4〜5分焼く。
5. 器に**1**と**4**を盛り、黒こしょうをふる。

押し豆腐とハムのポテトグラタン

アツアツは絶品！
淡泊な豆腐が
クリーミーでコク深い味に

材料（2人分）

押し豆腐（P.57 参照）……… 1丁分
じゃがいも ……… 小1個（100g）
玉ねぎ ……… 1/2 個（100g）
ハム（せん切り）……… 40g
バター、小麦粉 ……… 各大さじ1½
牛乳 ……… 1カップ
チキンコンソメスープの素 ……… 1/2 個
白ワイン ……… 大さじ2
塩、こしょう ……… 各少々
ピザチーズ ……… 40g

作り方

1. 豆腐は縦半分に切り、さらに1～2cm幅に切る。じゃがいもは5㎜角の棒状に切り、水にさらして水けをきる。玉ねぎは薄切りにする。

2. フライパンにバターを溶かし、玉ねぎとじゃがいもを加えて炒める。

3. 玉ねぎがしんなりしたら、豆腐を加えて崩れないように炒め、小麦粉をふってさらに炒める。

4. 牛乳と砕いたコンソメを加えて混ぜながら煮立て、ふたをして時々混ぜながら弱火で2分ほど煮る。

5. 白ワイン、ハムを加え、味をみて塩、こしょうをふって混ぜ、グラタン皿に移す。チーズをふり、オーブントースターで焼き色がつくまで焼く。

memo

休日の夕食におすすめしたい一品です。白ワインがなければ、酒にレモン汁少々を加えたもので代用OK。

ぐつぐつ肉みそ豆腐

こってり濃いめの肉みそがたっぷり。
煮汁ごとすくって召し上がれ

材料（1～2人分）

木綿豆腐 ……… 1丁（300～350g）
豚ひき肉 ……… 100g
チンゲン菜 ……… 1株
しょうが ……… 1かけ
長ねぎ ……… 1/2本
しいたけ ……… 2個
ごま油 ……… 大さじ1
A［みそ ……… 大さじ1/2
　赤だしみそ、砂糖、酒 ……… 各大さじ1
　だし ……… 3/4カップ

作り方

1. 豆腐は耐熱皿にのせ、ラップをふんわりかけて電子レンジ（600W）で3分加熱し、水けをきる。チンゲン菜は長さを半分に切り、軸は細いくし形に切って洗う。

2. しょうがはみじん切りにする。長ねぎとしいたけは粗みじんに切る。

3. フライパンにごま油を熱し、ひき肉と**2**を炒める。ひき肉に火が通ったらAを加えて混ぜながら煮立てる。

4. フライパンの中央に豆腐、まわりにチンゲン菜の軸を入れて葉をのせ、豆腐が熱くなるまで煮込む。

5. 器に盛り、好みで七味唐辛子をふっても。

memo

みそと赤だしみそを合わせて使ってコクを出しました。赤だしみそがない場合はみそ、オイスターソース、酒各小さじ2～3で調味して仕上げに粗びき黒こしょうをふればOK。

豆腐まるごと一丁 あさり豆乳鍋

にんにくと豆板醤でパンチのきいた味わい。
ピリ辛のスープごと召し上がれ

材料（1～2人分）

木綿豆腐……1丁（300～350g）
あさり（殻付き）……300g
白菜……2～3枚（200g）
長ねぎ……1本
A［豆乳（調製、または無調整）……1カップ
　 水……1/2カップ
ごま油……大さじ1
にんにくのみじん切り……1かけ分
豆板醤……小さじ1/2
酒……大さじ2
塩……少々

作り方

1. あさりは水1カップと塩小さじ1（分量外）を混ぜた塩水につけ、砂抜きをし、流水でこすり洗う。豆腐は耐熱皿にのせ、ラップをふんわりとかけ、電子レンジ（600W）で3分加熱する。白菜は縦半分に切り、さらに横1cm幅に切る。長ねぎは斜め1cm幅に切る。
2. 鍋に水けをきった豆腐とAを入れ、温める。
3. フライパンにごま油を熱し、白菜と長ねぎをしんなりするまで炒める。にんにく、あさり、豆板醤を加えて炒め合わせ、酒を加えてふたをし、あさりの殻が開くまで蒸す。
4. 3を2に加え、味をみて、足りなければ塩を加える。豆腐をくずしながら器に取っていただく。

memo

あさりはカルシウムや鉄分などのミネラルが含まれ、旨み成分のタウリンも豊富。豆腐と貝を合わせたら煮すぎないように温めて火を止めましょう。

野菜と豆腐を続けて
揚げれば手間なし。
栄養価の高いひと皿に

揚げだし豆腐

材料（2人分）

木綿豆腐 ……… 1丁（300～350g）
かぼちゃ ……… 60g
ピーマン ……… 2個（60g）
揚げ油 ……… 適量
A［小麦粉、片栗粉
……… 各大さじ1½
B［だし ……… 大さじ4
しょうゆ、みりん ……… 各大さじ1
大根おろし（汁けをきったもの）
……… 大さじ2
しょうがのすりおろし ……… 1かけ分

memo

小麦粉と片栗粉を合わせた衣がポイント。揚げ油を少なくしたい場合は豆腐を厚さ半分に切り、油の中に浸るようにする。

作り方

1. 豆腐は4つに切り、ペーパータオルに包んで水けをきる。かぼちゃは4等分（1cm幅）のくし切りにする。ピーマンは縦半分に切ってへたと種を取る。
2. 揚げ油は約160度に熱し、かぼちゃ、ピーマンの順に加えて揚げ、油をきる。油を約170度に熱し、混ぜたAをまぶした豆腐を入れ、3～4分、豆腐がふっくらして、表面がカリッとするまで揚げる。
3. Bは耐熱カップに入れ、電子レンジ（600W）で1分ほど加熱する。
4. 2を器に盛り、大根おろしとしょうがをのせ、3をかける。

その他の大豆で

豆腐以外の大豆製品も
栄養満点のすぐれもの！

もれなく栄養価の高い大豆製品。ヘルシーでおいしいレシピを日替わりで

古くから栄養価の高い食品として親しまれてきた大豆。タンパク質や食物繊維、ミネラルのほか、大豆イソフラボンや大豆レシチンなど健康効果が期待できる成分も含まれたスーパーフードです。加工食品である納豆や油揚げ、豆乳も、豆腐に負けず劣らず栄養満点。こういった大豆製品も食卓に取り入れましょう。日替わりで使えば、いろんな料理を飽きずに楽しめますよ。

栄養 POINT

その1 種類豊富な大豆製品。おかずだけじゃなく、**ドレッシング**や**スイーツ**も作れる！

納豆でドレッシングを作ったり、大豆で常備菜のピクルスを作ったり、豆乳は料理だけでなくスイーツ作りにも使えます（無調整豆乳は料理、調製豆乳はスイーツ作りがオススメ）。納豆や油揚げは冷凍もできるから、ストックしておけばいつでも使えて便利！

その2 大豆の栄養が**消化しやすく**なっているものや**新たな栄養成分**が目立って含まれるものも！

タンパク質が豊富で食物繊維やミネラルなどもバランスよく含んだ大豆。ドライパックになった蒸し大豆は栄養が丸ごと摂れ、豆乳は大豆に比べて消化吸収がしやすくなります。また、納豆は、大豆には少ないビタミン B_2 も多く含まれ栄養価バツグン。

変わり納豆 3種

オクラ納豆

材料（1人分）

納豆 ……… 1パック（40g）
オクラ ……… 3～4本
溶きからし ……… 適量
しょうゆ ………小さじ2/3

作り方

1. オクラは塩適量（分量外）をまぶしてこすり、洗って水けをふき、へたを取って薄い小口切りにする。
2. 器に納豆と1を盛り、からしとしょうゆをかけ、よく混ぜていただく。

アボカド納豆

材料（1人分）

納豆 ……… 1パック（40g）
アボカド ……… 小1/2個（40～60g）
粒マスタード ……… 小さじ1/3
しょうゆ ……… 小さじ2/3

作り方

1. アボカドは角切りにする。
2. 器に納豆と1を盛り、粒マスタードとしょうゆをかけ、よく混ぜていただく。もみのりを加えても。

いか納豆

材料（1人分）

納豆 ……… 1パック（40g）
紋甲いか（刺身用）……… 1枚（50g）
わさび ……… 適量
しょうゆ ……… 小さじ2/3～1

作り方

1. いかは表に軽く切れ目を入れ、縦半分に切り、さらに横5㎜幅に切る。
2. 器に納豆と1を盛り、わさびとしょうゆをかけ、よく混ぜていただく。

memo

納豆は野菜や魚介と合わせれば、栄養価も上がるし飽きません。からしだけでなく、わさびやしょうがなど香味野菜で味付けに変化をつけると楽しい。

合わせる食材によって
味も食感もバリエいろいろ!
おいしさ新発見

納豆ドレッシング 2種

とろみがあって
野菜にからみやすく、具材感たっぷり

梅めんつゆ納豆ドレッシング

材料（約4人分）

ひき割り納豆 ……… 1パック（40g）
梅干し（種を取ってたたいたもの）
……… 大さじ1/2～1
めんつゆ（3倍濃縮）、酢
……… 各大さじ1/2
オリーブ油 ……… 大さじ1
こしょう ……… 少々

作り方

1. すべての材料を混ぜ、好みの野菜にかけていただく。

玉ねぎしょうゆ納豆ドレッシング

材料（約4人分）

ひき割り納豆 ……… 1パック（40g）
玉ねぎのみじん切り ……… 大さじ3
しょうゆ、酢 ……… 各大さじ1
砂糖 ……… 小さじ1/2
えごま油（またはサラダ油やごま油）
……… 大さじ1
粗びき黒こしょう ……… 少々

作り方

1. すべての材料を混ぜ、好みの野菜にかけていただく。

memo

ドレッシングのとろみで野菜がおいしく食べられ、栄養価もアップします。それぞれ冷蔵庫で2～3日保存できます。

焼き油揚げ 2種

ツナと玉ねぎの焼き油揚げ

材料（作りやすい分量・4個分）

油揚げ（いなり用）……… 2枚
ツナ油漬け缶 ……… 小1缶
玉ねぎ ……… 30g
黄パプリカ ……… 1/6個（20g）
ポン酢しょうゆ ……… 大さじ1

作り方

1. 油揚げは両面をペーパータオルで挟んで油を除き、半分に切って口を開く。
2. ツナ缶は油をきってほぐす。玉ねぎは薄切りにする。パプリカは斜め薄切りにする。
3. 2を混ぜて4等分にし、1に平たく詰める。フライパンに並べてふたをし、中火で2〜3分焼いたらひっくり返し、ふたをしないでカリッとするまで焼く。ポン酢しょうゆを添える。

納豆とチーズの焼き油揚げ

材料（作りやすい分量・4個分）

油揚げ（いなり用）……… 2枚
A ［納豆 ……… 1パック（40g）
長ねぎの小口切り ……… 1/4本分（25g）
ピザチーズ ……… 40g

作り方

1. 油揚げは両面をペーパータオルで挟んで油を除き、半分に切って口を開く。
2. Aを混ぜて4等分にし、1に平たく詰め、「ツナと玉ねぎの焼き油揚げ」と同様に焼く。
3. 好みでしょうゆ（分量外）をつけていただく。

memo

ほかのおかずを作るときに余った野菜を刻んで詰めるなど、具材は好みのものでOK。あまりパンパンに詰めずに平たくしたほうがカリッと焼けます。

好きな具材をこんがり包み焼きに。
おかずにもおつまみにも◎

大豆、長いも、にんじんの和風ピクルス

だしの風味がしっかり。
酸味控えめでパクパクいけちゃう！

材料（約４人分）

大豆ドライパック ……… 100g
にんじん ……… 小１本（100g）
長いも ……… 5cm（100g）
A ［ 酢、だし ……… 各1/2カップ
　 砂糖、酒 ……… 各大さじ２
　 塩 ……… 小さじ1/2

作り方

1. にんじん、長いもは5mm〜1cm角の棒状に切り、大豆とともに耐熱ボウルに入れる。鍋にAを煮立てる。

2. Aが熱いうちにボウルに加え、ときどき上下を返して冷めるまで味をなじませる。

memo

冷蔵庫で４〜５日保存OKなので、常備菜にすれば忙しい日の1品に。タンパク質やビタミンが手軽に摂れます。

大豆のチリビーンズ風

チリソースがなくても OK！
一味とうがらしで
旨辛のチリ味にアレンジ

材料（約4人分）

大豆ドライパック …… 150g
合いびき肉（赤身）…… 100g
玉ねぎ …… 1/2 個（100g）
にんじん …… 小 1/2 本（50g）
にんにくのみじん切り …… 1 かけ分
オリーブ油 …… 大さじ 1
A［塩 …… 小さじ 1/4
　一味とうがらし、こしょう各少々
B［トマトカット缶 …… 200g
　水 …… 1/2 カップ
　チキンコンソメスープの素
　　…… 1/2 個
　ローリエ …… 1 枚

作り方

1. 玉ねぎ、にんじんは粗みじん切りにする。

2. 厚手の鍋にオリーブ油、にんにく、玉ねぎ、にんじんを加えてふたをし、ときどき混ぜながらしんなりするまで炒め合わせる。

3. 野菜がしんなりしたらひき肉とAを加えて炒め、肉の色が変わって水っぽさがなくなったら、Bと大豆を加えて煮立てる。ときどき混ぜながら、ふたをして弱火で 10 分ほど煮る。

4. 味を見て、足りなければ塩、こしょう、一味とうがらし（分量外）で調える。

memo

大豆ドライパックは豆本来のホクホクした食感が味わえます。水煮の場合は栄養素や旨みが缶汁に溶け出ているので、水の代わりに汁ごと使いましょう。

豆花《トウファ》風

台湾スイーツをかんたんアレンジ。
甘栗やきなこの和風トッピングがマッチ

材料（約４人分）

無調整豆乳 ……… ２カップ
粉ゼラチン ……… 大さじ1/2（5g）
砂糖 ……… 大さじ１
A［しょうがのすりおろし ……… １かけ分
　粉黒砂糖 ……… 大さじ２
　水 ……… 大さじ４
むき甘栗、きな粉 ……… 各適量

memo

豆乳を冷蔵庫から出してすぐに使う場合は、電子レンジで数十秒加熱し、少し温めておくとゼラチンがダマになりません。

作り方

1. 豆乳は冷蔵庫から出して室温に戻す。

2. 耐熱ボウルに水大さじ２を入れ、ゼラチンをふり入れて５分おく。電子レンジ（600 W）で 30 ～ 40 秒加熱して溶かし、砂糖を加えて混ぜ、1を少しずつ加えてよく混ぜる。冷蔵庫で２時間ほど冷やし固める。

3. Aでシロップを作る。材料を小鍋に入れてさっと煮詰め、冷めたら冷蔵庫で冷やす。

4. 2をスプーンですくって器に盛る。甘栗を４つ割りにしてのせ、きな粉をふり、3をかける。

豆乳ヨーグルトケーキ

さっぱり爽やか。
なめらかな舌触りで
レアチーズケーキ風

材料（約4人分）

調製豆乳 ……… 1カップ
粉ゼラチン ……… 大さじ1/2（5g）
砂糖 ……… 大さじ3
プレーンヨーグルト ……… 1カップ
レモン汁 ……… 大さじ1/2～1
好みのジャム ……… 適量
ミントの葉 ……… あれば4枚

memo

ジャムはブルーベリーやいちごなどがおすすめ。甘さ控えめなので、ジャムがなければ、はちみつをかけても！

作り方

1. 豆乳は冷蔵庫から出して室温に戻す。
2. 耐熱ボウルに水大さじ2を入れ、ゼラチンをふり入れて5分おく。電子レンジ（600W）で30～40秒加熱して溶かし、砂糖を加えて混ぜ、1を少しずつ加えてよく混ぜる。
3. ヨーグルト、レモン汁を加えて混ぜ、カップに4等分にして入れ、冷蔵庫で1時間ほど冷やし固める。ジャムとあればミントを添えていただく。

ブックデザイン　野本奈保子（nomo-gram）
撮影　松島 均
スタイリング　土門浩美
イラストレーション　HONGAMA
DTP　朝田春未
校正　内藤栄子
編集協力　平井裕子
編集　綿 ゆり（山と溪谷社）

器協力　玄蕎麦　路庵

今泉久美

（いまいずみ・くみ）

山梨県生まれ。料理家・栄養士。女子栄養大学栄養クリニック特別講師。料理本、雑誌、新聞、テレビ、講演会講師など、幅広く活躍中。栄養満点、おいしく、簡単なレシピにファンが多い。豆腐好きで、忙しい日々のごはんに積極的にとり入れている。

忙しくて余裕ない日は、豆腐にしよう。

1〜2人分で作れて、メインにもなる

2020年3月5日　初版第1刷発行

著者　今泉久美
監修　女子栄養大学栄養クリニック
発行人　川崎深雪
発行所　株式会社山と溪谷社
〒101-0051
東京都千代田区神田神保町1丁目105番地
https://www.yamakei.co.jp/

■乱丁・落丁のお問合せ先
山と溪谷社自動応答サービス
TEL. 03-6837-5018
受付時間／10:00-12:00、13:00-17:30（土日、祝日を除く）

■内容に関するお問合せ先
山と溪谷社
TEL. 03-6744-1900（代表）

■書店・取次様からのお問合せ先
山と溪谷社受注センター
TEL. 03-6744-1919　FAX. 03-6744-1927

印刷・製本　株式会社光邦

定価はカバーに表示してあります

Printed in Japan
ISBN978-4-635-45040-9